AI・抄襲・智財權

楊智傑———著

AI,
PLAGIARISM,
and INTELLECTUAL PROPERTY

推薦序

它值千金，可以讓你買到「早知道」

黃鴻隆[*]

　　智慧財產權是所有企業經營者都會碰到的問題，尤其在創新轉型過程中更是關鍵問題。許多小企業在剛開始創業時，沒有人力以及足夠的成本，顧及智財權的問題；等到事業稍微穩定，產品銷售成長後，侵權的問題才會跟著跑出來。這些侵害智財權的問題，小則需企業花費數十萬解決（如著作權、商標爭議），大則需花費數百萬、千萬（如專利、營業秘密），對企業是一個不可小覷的經營風險與成本。

　　我創辦中華法務會計研究發展協會，整合會計、稅務、法律各方人才，就是希望能夠幫企業，提供各種法律專業服務並作知識的推廣。協會的這些人才除了在企業法律、財務專長上夠專業外，若還能夠用深入淺出方式，撰寫通俗企業法律、財務知識者，更是協會的衷心期盼。

---

[*] 誠品會計機構、大有家族辦公室、中華法務會計發展研究協會、「鐵肺」會計師

楊智傑教授就是這樣難得的企業法律專家。他是一個我敬仰的年輕學者，勤於筆耕，是《北美智權報》歐美智慧財產權常年的專欄作家，也是我協會（中華法務會計研究發展協會）教育發展組的成員。他研究科技法律、智慧財產權，在知名中英文研究期刊上，屢屢有深入論文的發表。在專業發表之餘，他也常以通俗文字在網路媒體上，發表智財科技法律短文，將複雜的法律案例簡化，然後用最關鍵的法律概念，說明案例中的重點，文字淺白易讀。

　　更重要的是，他的分析往往鞭辟入裡。他一方面在複雜個案中，直指問題關鍵核心，二方面拉大到更宏觀的制度問題，說明整個案例之所以出現糾紛，是背後的制度設計所導致。

　　例如本書寫作期間，他跟我分享書中的一篇〈為何臺灣家族飲食事業每年都出現商標內戰？〉初稿，分析臺灣飲食事業家族內，互告商標侵權的案例。除了說明個案中誰對誰錯外，真正的問題在整個商標制度的設計，似乎存在漏洞，才導致相同的事件不斷出現。

　　另一篇〈臺灣要不要引進設計保護維修豁免條款？〉，除了說明個案訴訟外，也深刻地指出臺灣設計專利保護，欠缺維修豁免條款，對臺灣中南部的汽車零組件生產造成的產業困境。

　　從這兩篇短文已經可以看出，他希望從案例出發，但最後檢討智財制度發展，所衍生各種問題的雄心。包括書中討論的網際網路、生成式 AI、學術抄襲等問題，在說明個案之後，他都提出了宏觀的觀察與反思。

我想未來的臺灣企業，組織變革與創新轉型，是一條必然的路而且絕對是重中之重，因此建構各項智財權應有的概念，藉以完成系統的非訟法務管理（各項白紙黑字所堆疊出來的法律文件，也就是各項契約管理），就顯得刻不容緩，也只有如此，才有所謂的法遵議題，這是企業永續必備的基礎。黑天鵝無所不在，企業需要「韌性」（resilience），也就是在逆境中嘗試與重新開始的勇氣。前述數不盡的百年老店互告商標侵權的案例（既然是老店，大概都是小店鋪起家，創辦人死掉後，這個知名商標就有得吵了，君不見路上的廣告看板，常常有打著新○○、真○○，大概都是如此）、AM 汽車零組件業設計專利保護的案例（也就是零組件代工業，相對原廠零件 OE，永遠是一道難解的習題）……等等，都是我曾經接觸過的案子，打不完的官司勞心又勞力，事後檢討感觸甚深。由於市場競爭日益激烈，離職員工的背叛，小小一個 USB 把公司心血帶走，交給競爭對手，或是競爭對手挖角之事，永遠不會停歇。

我是一個執業已經超過三十八個年頭的老會計師，執業過程中因為個人嗜好也玩過法研所，算是一個深諳商業江湖語言（會計就是商業江湖的語言），也懂得商業武林規則（法律就是商業武林的規則）的老頭，所以排難解紛時我往往會在其中，促成各鑑識會計組織、甚至到大學濫竽充數，也都有我的身影。

我是一位每夜「身軀要躺在密閉的負壓呼吸器（俗稱體肺）倉內，倉外頭部還要帶著正壓呼吸器」睡覺的人（這一生我開過五次大刀，插過三次管），媒體叫我「鐵肺小巨人」。此刻的我

已進入半退休狀態，十五年來幾乎深度沉浸在東西方文史哲裡，讓我穿透表象、走出迷宮，更讓我洞知未來。我常講「千金難買早知道」，如果大家能夠閱讀這本書，在平時就一步一腳印的做好「智財權」的非訟管理，事後萬一出現黑天鵝，大概都可以在逆境中重新開始，否則縱使找到最棒的法務訴訟專家及鑑識會計專家，那又如何呢？

這一本《AI・抄襲・智財權》，在楊教授有趣的案例引領下，帶我們一一學習智財權的基本制度，並一起反思智財權制度面臨的各種問題，絕對值得大家一讀再讀。這是一本法普的書，現在每一個人都在談企業永續，我想這本書絕對是最好的概念引導。它值千金，因為它可以讓你買到「早知道」，有了想法你就可以一步一步地透過非訟法律管理，建立起你的永續帝國。我看到楊教授這樣的用心，深受感動之餘，忝為序加以介紹。

「鐵肺」會計師黃鴻隆，2024/8/22，自家書房

自序

　　從 2008 年擔任大學教授以來，已經教學研究智慧財產權與數位法律超過 15 年，寫了很多專業論文和教科書。但那些東西都是硬知識，一般人沒興趣，連修課的同學都未必會看。

　　從 2020 年起，在清華大學開設「智慧財產權」通識課，2024 年起也在雲科大設計學院開設「設計倫理與法規」入門課。由於這些課的對象是非法律科系的學生，我的講授內容就必須化繁為簡，挑選智慧財產權最重要的觀念，並用一些有名或有趣的案例，作為引導案例，帶領學生快速掌握相關知識。

　　同時，我也會在課程中，帶入與學生切身相關的論文抄襲，討論學術倫理與著作權的關係。最近兩年，因為生成式 AI 的火熱，也會將生成式 AI 對著作權帶來的顛覆衝擊與爭議，帶入課程討論。

　　從 2020 年 11 月起，我固定在逢甲大學圖書館部落格的專欄，對臺灣智慧財產權的有趣新聞或案例，從智財法的角度，撰寫小文章。幾年下來累積不少篇幅。另外還在其他地方發表過一些針對臺灣案例的小文章。

　　由於上述通識課程與臺灣案例專欄的二個機緣，促使我不斷思考與調整，要用甚麼樣的有趣代表案例，講解最基本的智財法觀念。因此，決定將多年來對智財權與科技法律的研究心得，濃

縮為一本小書，撰寫一本以小案例故事為引導的智慧財產權入門通識讀物。

本書分為四大篇的四大主題。第一個主題是著作權法與網路侵權，主要討論著作權法的幾個基本概念。第二個主題是學術倫理與抄襲，涉及學術倫理與著作權法。第三個主題是生成式 AI，以及其對學術倫理、著作權所產生顛覆性革命與爭議。第四個主題則是其他智慧財產權，包括主要的商標、專利和補充性智財權。

如何用一個簡短的書名包含寫這本書的四大主題，經思考後決定將書名定為《AI・抄襲・智財權》。希望讀者在閱讀時不覺得無聊，也透過這些書中小故事、小案例，能夠反思生活中所碰到的各種智財權議題。更進一步也希望這本小書能夠啟發讀者思考論文抄襲、生成式 AI 帶來的各種問題。

目次

目次

第一篇　著作權／網路侵權篇

第1講│照片有著作權嗎？

第2講│花錢請人創作還被告？

著作權／網路侵權篇

智慧財產權的基本概念就是，我們要對人類的精神創作給予保護，賦予創作者對其創作擁有一種財產權，他人想要使用要得到創作者的同意。

不過，各類的精神創作有所不同，創作的程度也有不同。在法律上，我們很難為每一種精神創作給予相同的保護。目前大概設計了幾種基本制度對精神創作給予保護，分別是著作權法、專利法、商標法、公平交易法、營業秘密法等。而著作權法是使用最普遍的一種創作保護制度，因為所有人都會進行創作，都有機會受到著作權法保護。但同樣地，人人也都有機會侵害他人著作權，甚至被告。本篇先介紹著作權法的幾個基本制度，包括保護要件（第1講）、著作權的歸屬（第2講）、抄襲侵權的認定（第3講）、網路創作與合理使用（第4講）等。第5講會對20多年前興起的網際網路對著作權法的衝擊，做較為深入的探討。讓讀者了解網路興起對著作權法帶來嚴峻的挑戰。至於學術倫理／論文抄襲和生成式AI對著作權法造成的衝擊，則留到第二篇和第三篇進一步討論。

第 1 講
照片有著作權嗎？

1. 著作類型與原創性

著作種類

著作權法是所有人最常用的一種智慧財產權。其保護的著作種類，包括十種常見著作，分別是①語文著作，②音樂著作，③戲劇、舞蹈著作，④美術著作，⑤攝影著作，⑥圖形著作，⑦視聽著作，⑧錄音著作，⑨建築著作，⑩電腦程式著作。

我們寫的作文、文章、論文，都是語文著作。我們在論文中畫了一些知識性的圖表，屬於圖型著作。我們美術課上創作的作品，不論平面或立體，是美術著作。我們用相機、手機拍攝的照片，是攝影著作。我們用手機或攝影器材拍攝的影片，則是視聽著作。

受著作權保護的十種著作中，大部分都屬於文學、藝術、知識性的創作。注意，論文屬於知識性的文字創作，但不屬於科學技術上的創作。若是科學技術上的創作，我們稱為發明，要去申請專利。不過，著作權法中保護了二種比較實用性、科技類的創作。一種是建築著作，保護建築師經過計算所畫的建築設計圖，具有高度的實用性與數學計算。第二種是電腦程式著作，保護軟體工程師以程式語言撰寫的一行一行的程式碼。這些程式碼是要

進行許多運算與執行功能，也有實用性，並且須展現科技知識與數學邏輯。

這二種特殊類型的著作，之所以受到著作權法保護，是因為其呈現的形式與其他著作有類似的地方。建築著作體現在設計圖和建築物本體，建築設計圖與圖形著作的形式接近，建築物本體則與立體美術著作接近。電腦程式著作的程式碼是一行一行的，像是語文著作也是一行一行寫出來的。尤其電腦程式是 1960 年代才出現程式語言，而美國是在 1970 年代末討論到底要用甚麼法律保護電腦程式的創作，最後在 1980 年修法納入著作權法保護。

原創性

這十種著作，只要具有原創性，就可以獲得著作權保護。所謂原創性，可區分為原始性和創作性，原始性是源自於我自己創作，而非抄襲他人。創作性則是要展現最低程度的創意。這個創意程度不用很高，只要展現我的創作與他人不同，有一點點的創意貢獻，就可以受到保護。

由於每個人都會寫作文、寫日記，或者做一些小塗鴉，畫點繪畫，可以說幾乎每個人都會有創作。例如，今天全班參加校外教學活動，回來後老師要全班同學寫遊記。只要你的遊記是自己寫的，雖然和其他同學描述的故事大同小異，但畢竟有自己的文筆風格和觀察重點，寫出來的遊記會和其他同學不同，就具備原創性，可獲得著作權保護。

創作完成自動獲得保護

著作權的保護門檻很低，且每個人都在創作，所以，對於獲得保護的方式，採取最簡單的方式：創作完成自動獲得保護，不需要跟政府申請登記。其他的智慧財產權，例如專利和商標，保護要件很高，而且類似、接近的事物只能給一個人保護，故要求創作者必須向政府申請，政府經過審查，給予最先申請的人保護。但著作權的保護要件低，所有人加在一起的創作數量大，類似的創作只要沒有互相抄襲，個別都可以取得著作權，不需要在這個階段判斷誰先誰後。所以著作權法為了節省保護的成本，採取創作完成自動獲得保護。

不過，由於創作完成自動獲得保護，每個人都以為自己的創作有法律保護。但等到鬧上法院、要告他人侵權時，法院還是得判斷到底著作有沒有原創性？或者，法院會判斷，到底創作的哪些部份才有原創性？哪些部分沒有？兩個創作者 A 和 B 在同一年度創作出類似的作品，A 告 B 侵權。法院也必須判斷，是 B 抄襲 A？還是 B 沒看過 A 的作品自己獨立創作出來的？

因此，在專利法、商標法，是在申請註冊時要判斷可否受到保護，而著作權法，雖然不用申請審查就可取得保護，但若哪一天鬧上法院，法院還是要判斷創作是否符合著作權保護要件。為何如此，主要是受著作權保護的創作數量太大，但會上法院訴訟的案件量比較少，故留到上法院再判斷，可以節省很大的成本。

2. 老師講課內容是否是語文著作？

2022 年 3 月，發生一起中一中學生與老師上課衝突的新聞。老師請學生不要錄影，學生頂嘴一句說：「老師我有錄影的權利。」但在著作權法上，學生真的可以未經同意，上課錄影？

著作必須創作出來

在其他國家的著作權保護要件中，除了要求①原創性之外，還要求必須②創作出來，並且③固著於具體的媒介物上。創作出來的要求是指，創作的概念不能只停留在腦海中。如果自己腦中已經有清楚的想法，要創作表現出來。同樣地，這個創意創作出來，必須留下紀錄，所以要固著於某個有形媒介物上。只是嘴巴把創意說出來，但沒有記錄下來，這個創意並沒有受到保護。

例如，A 想出了一個劇本的創意，跟 B 分享，但 A 沒有記錄下來。B 聽了之後回去寫下來完成劇本。A 若要控告 B 侵權，也拿不出證據證明自己有創作紀錄下來。實際上 A 是有創意，但沒有創作出來、固著於媒介物上記錄下來，沒有辦法受到保護。

從著作權法的角度來看，老師上課是一種講課（lectures）、演講（addresses）、講道（sermons），屬於著作權法保護的語文著作。而且，很特別的是，臺灣著作權法並不要求著作必須先「固著」於有形的媒介，也就是說，並不需要先將上課內容寫成講稿，才受到保護。就算老師上課臨場發揮，即席創作演說，都直接受到著作權法保護。

老師對講課擁有「語文著作」著作權

既然一般講課內容，都受到著作權法保護，學生或聽眾未經過講者的同意，將講課／演講過程錄影下來，就會侵害老師講課內容的重製權。若將錄影下來的畫面放到網路上，會侵害公開傳輸權。

這就是為什麼，許多人邀請各界專家演講，如果想把演講內容錄影下來，必須要另外請講者簽署一張授權同意書。得到講者的同意，才能將演講內容錄影。若未得到同意，都會侵害講者演講內容的著作權。

不過，中一中事件中，是學生進行報告時，老師提出意見，而引發一來一往的口角。這樣的口角內容，可能沒有原創性，也不屬於講課、演講的一部份，故可能不受著作權法保護。

對於這類老師上課過程中可能出現的插曲，若學生想要蒐證檢舉老師，不會侵害著作權。但要注意，雖然老師與學生的口角內容不是講課，不受著作權保障。但老師的長相、聲音，可以主張是個人資料。其他學生的長相、聲音，也算是個人資料。因此，就算學生為了檢舉老師而錄影，有正當理由，但利用上也必須限於這個正當理由，依正常管道提出檢舉，而不應該將影片隨便上網。學生若將影片任意上網公開，會侵害老師和其他同學的個人資料保護。

學生能否為了複習而錄音

有人會問，如果同學很認真想把講課內容錄音下來，回家複習，能不能主張這是一種合理使用？（關於合理使用的詳細討論，請參考本書第 4 講）

我認為不行，學生若想將上課錄音，還是需要得到老師的同意。原因有下面二點：

(1) 老師在課堂中算是一種即興演出，每次教學都會不斷修正，可能認為自己的語文著作尚不是一個完成的作品，還想要淬練得更完美再對外正式發表（正式到外面公開演講）。老師若是在一般課堂上講課，不能算是公開發表他的演講，因為學生人數不多，也沒有對外開放其他人旁聽。

這裡的關鍵是，著作人另外擁有「公開發表權」。賦予著作人公開發表權的用意，就是讓著作人可以繼續修改，改到他覺得夠完美了，才正式「公開發表」。但還沒有公開發表的著作，仍可主張受著作權保護，且他人無法主張合理使用。

(2) 我之所以認為，在班級中的報告或講課，不能算是公開發表。另一個原因是，若認為是公開發表，那麼大學老師在課堂教學中分享最新研究心得，或研究生在課堂上報告自己的論文初稿，都會被解讀為公開發表。一旦被認定為公開發表，那麼他人就可以主張著作權法第 52 條的合理使用規定，引用他人已公開發表之著作。這將導致，學生和老師研究發展中、還沒有確定的研究成果，居然就已經可以被他人作引用，對學生和老師較為

不利。

當然，若是開放式的公開演講，應可以算是公開發表。

老師想自行製作「上課教學影片」著作權歸誰？

最後一個衍生的問題是，倘若老師想將自己課堂的講課內容，直接架設錄影設備同時錄製下來，並事後剪片，成為教學影片。這在著作權法上是一個「視聽著作」。有問題的地方在於，這個視聽著作的著作權歸屬於誰？

如果是老師自己錄製、自己剪片，影片中的語文著作（講課）著作權是自己的，教學影片的視聽著作的著作權也屬於自己。

但有人會問，員工職務上完成之著作，著作權不是歸屬於公司嗎？（後面第 2 講的主題）那麼，老師在上課教學同時錄製的影片，教學是他的工作，這個影片的著作權會不會歸屬於學校？

關鍵在於，著作權法第 11 條規定，員工的職務上完成的著作，著作財產權歸屬學校。老師上課錄製教學影片算不算職務呢？學校老師雖然有上課的職務，但沒有錄影下來製作教學影片的職務／義務。嚴格來說，學校並沒有要求老師上課錄影，並非老師的職務，亦即沒有要求老師製作「教學影片」（視聽著作）。因而，倘若有老師自行錄影上課內容，事後進行剪接，變成視聽著作，應該認為，老師才是視聽著作的著作權人。

但是同樣地，要注意到個人資料的保護。老師錄影和剪接，都要注意，盡量避免讓學生的畫面和聲音入鏡，不然也會侵害學生的個人資料和人格權。或者，應該在錄影前告知，取得學生

同意。

3. 飯店室內設計是否是建築著作？

著作權法保護了十種著作種類，包含語文著作、音樂著作、美術著作等。其中，有一種很特殊的著作為「建築著作」。建築著作主要保護建築師的設計圖。但是近年來出現一個有處的爭議：室內設計算不算是建築著作？

哪些東西屬於建築著作，根據智慧財產局「著作權法第五條第一項各款著作內容例示」第 2 條第 9 款規定：（九）建築著作：包括建築設計圖、建築模型、建築物及其他之建築著作。」從前三個舉例來看，似乎都強調的是建築物的整體設計和外觀設計。但後面卻留有一個「其他之建築著作」，那麼，室內設計是否屬於「其他建築著作」？

過去多年來並沒有相關案例，直到近年來，臺北京站君品酒店控告臺東桂田喜來登酒店，抄襲其飯店房間內的設計與家具擺設，認為侵害其建築著作。而智慧財產法院於 2018 年 9 月 14 日一審判決，認為室內設計屬於「其他建築著作」，受著作權法保護。因而認定，桂田酒店派員工特地到君品酒店拍照、繪圖，完整學習君品酒店的房型設計風格與家具特色，構成抄襲。二審判決也支持一審判決見解。

但就算室內設計屬於建築著作，仍必須具有著作權法要求的「原創性」門檻。室內設計到底是否具備原創性，必須和其他先

前已經存在過的室內設計做比對。全臺灣家庭戶數就超過 800 萬戶，也就是住宅房間也超過 1000 萬間，全臺灣估計有超過 1 萬家室內裝修公司，彼此的室內設計都會互相參考，因而，要比較室內設計是否具有原創性，認定上有困難。

這個指標性案件，最後上訴到最高法院。最高法院於 2021 年 1 月 20 日作出判決，認為：桂田酒店主張，君品酒店之設計「……乃參考業界慣用配置及現品採購，其家具外觀、選擇、尺寸、採光照明、動線佈局等項，欠缺原創性云云，並提出家具型錄之公證書、書籍、交通部觀光局星級評鑑表等件為證。」最高法院認為此部分爭議，原判決沒有詳細地審理討論，因而將原判決撤銷，發回更審。

從這個案件可以看出，縱使認為室內設計屬於受著作權法保護的「其他建築著作」，但其是否具備原創性，還是必須討論。

不過筆者個人認為，室內裝潢設計，若不涉及建築結構（architecture），應不屬於建築著作，因為既沒有建，也沒有築。

參考判決

(1) 智慧財產法院 104 年度民著訴字第 32 號判決（107.09.14）
(2) 智慧財產法院 107 年度 民著上字第 16 號判決（108.09.19）
(3) 最高法院 109 年度台上字第 2725 號判決（110.01.20）

4. 羽球壓線畫面是有原創性的美術著作？

在 2021 年東京奧運結束後，出現一個熱門的議題。臺灣的男子羽球雙打麟洋配，最後一球殺球，對手沒回擊，向裁判要求挑戰是否出界。最後以鷹眼判斷，轉播單位以電腦特效顯示，球落點壓線 in，贏得金牌。這個最後一個羽球壓線 in 的畫面，立刻被許多人發揮創意，進行各種「改作」。

典型的 **Taiwan In** 圖（商標檢索資料庫，商標申請案號：110054588）

有人說，這個羽球壓線的圖片，轉播單位有著作權，所以他人要將這個壓線畫面進行「改作」，要得到奧運轉播單位的同意。不過，著作權法所保護的著作，必須是人的創作，且必須具有原創性。

羽球和網球這類比賽，主辦和轉播單位早就開發出類似的鷹眼系統，用鷹眼判斷球的落點是在界內、壓線還是界外，並用電腦本來設計好的程式，自己呈現球落下的路線、球場邊線與落點

的畫面。

一方面，這個球落點的畫面非常常見，所有的網球賽、羽球賽轉播，不斷出現類似的畫面，故此畫面沒有原創性。

二方面，這個畫面並非人類創作出來的畫面，而是電腦程式在既有的軟體執行下呈現出來的畫面，創作者非人類。當然，並非電腦以人工智慧運算產生的畫面，都一定不受著作權保護，倘若真的要保護，也可能是由電腦系統的操作者、開發商或擁有者，擁有畫面的著作權。關於人工智慧電腦創作是否受著作權保護的問題，目前科技仍持續發展中。到底要不要給予保護？著作權要給予誰？這些問題仍持續在學術與政策上進行討論。（請見第三篇第 9、10、11 講的進一步討論）

既然原始的球落點畫面沒有原創性，也沒有人擁有著作權。任何人都可以對這個畫面進行改作、利用。

從新聞報導中看到，除了最早在球落點畫面下，利用邊線設計出一個白色的 Taiwan，後來也有各種人利用各種創意，對這個球落點畫面進行設計。每一個設計雖然都是以這個畫面為基底，但都略有不同。這些進行加工創意設計的圖像，因為具有設計者的原創性，就屬於美術著作，可以受到著作權法保護。

因而，要使用原本的球落點畫面，沒有問題；但應該自己發揮巧思，自己進行改作利用。而且要注意，避免直接將他人的創作發想拿來利用，以免被控告侵權。

5. 臉書上公開的照片可否自由使用？

現代人多使用社群網站（臉書、IG）分享自己的照片，包括旅遊照、美食照、開箱新產品照等。這些照片既然公開在社群網站並公開（假設分享全世界），他人是否就可以下載任意使用？例如自己想利用購物平台或社群拍賣產品，但不自己拍攝產品照，而去抓取他人拍攝並公開的產品照？現在有越來越多這類的糾紛到法院訴訟。

原則上，照片的攝影者，在《著作權法》上是「攝影著作」的「著作人」，擁有著作權。故他人未經著作人同意，任意下載後再上傳到其他社群帳號公開，確實可能會侵害原著作人的著作權，包括重製權與公開傳輸權。

要獲得著作權法保護，必須具有原創性。而《著作權法》採取「創作完成自動獲得保護」，故任何人的各類創作，只要是自己所創作，一般來說都具有原創性，可自動取得著作權。但是，由於採「自動獲得保護」的設計，其實我們並不確定「每一個創作是否真的具有原創性」。

其中，在各類著作中，攝影著作（照片）是借助攝影器材的協助才創作完成，且創作所需時間最短，故一張照片到底有沒有原創性，其實會有爭議。因此，當照片的原始拍攝者到法院提告他人，法院也會先討論一個問題：這張照片到底有沒有原創性？

實物的拍照

對於照片的原創性，法院一般會說：「攝影著作，應係由主題之選擇、光影之處理、修飾、組合或其他藝術上之賦形方法，以攝影機產生之著作，始受保護，通常一般以攝影機對實物拍攝之照片，尚難認係著作權法所指著作」（最高法院 92 年度台上字第 1424 號刑事判決）。

這裡有一個關鍵點。法院說若是對「實物」進行拍攝，若看不出特殊的拍攝技巧，由於一個物品或風景可能人人都能拍，每個人拍出來都大同小異，只是角度、構圖，光線明暗、手機畫素不同而已。法院一般認為不具原創性。例如，在上述最高法院判決中所涉及的個案，是對氣球布置場所進行拍攝的照片，法院認為不具原創性。

但是，偶爾也會出現不同的判決。例如，在智慧財產及商業法院 112 年度民著訴字第 12 號判決中，對「挖礦機」的產品照片，法院認為「系爭產品照片已由攝影者於攝影過程中選擇取景之角度、所欲呈現之細節及畫面，具有最低程度之創意，已足以展現攝影者之創作性，非單純為實體物之機械式再現，應認具有原創性而為受著作權法保護之攝影著作。」

人物的拍照

但若是對「人物」進行拍攝。每個人長相不同，在拍照時每個人穿著不同、姿勢不同，因而就所謂「主題之選擇」或「人物與布景的安排」，可能就具有基本的原創性。因此，若是拍照者

上傳的是人物照片，包括臉友自己的照片，一般法院都會認為具有原創性。例如，在智慧財產及商業法院 111 年度民著訴字第 60 號判決中，法院認為他人在臉書上公開的人物照，具有原創性。因此，雖然他人在社群中公開人物照片，不代表他人可以任意使用。若未得到同意就使用，小心被告。

使用生成式 AI 生成圖像？

從手機拍照能否受到著作權保護的這個問題，進一步延伸，現在越來越多人的創作，是透過機器＋軟體輔助完成。拍照是透過手機的協助，攝影也是透過攝影器材、手機的協助，而且這些手機和器材裡面都有軟體，讓你的拍照或攝影更輕鬆。人類只是決定要拍什麼、拍的角度、拍的時間等。

到了 2023 年以後，生成式 AI 興起，更多人的創作是透過生成式 AI 完成。人類只給予提示詞，AI 根據這些提示詞生成我們希望的內容。這些 AI 生成的內容，人類還是自稱是在創作嗎？

關於這方面的討論，將留到本書第三篇第 9 講、11 講。但我們可以初步提出一個思考，就是這必須考量到，人類參與創作的程度與機器、軟體程式參與創作的程度的比例。

以下我將手機拍人物、手機拍實物，以及用生成式 AI 生成圖片這三種情況，以下表呈現，三種情況中，人的參與創作程度或貢獻，與機器、軟體的貢獻。

手機或軟體對創作的貢獻比較

情況 參與創作者	拍攝人物	拍攝實物	使用生成式 AI 生成圖片
人類的參與	1. 控制攝影器材 2. 選擇人物、時間、地點、姿勢、表情	1. 控制攝影器材 2. 選擇實物、角度	1. 選擇生成式 AI 2. 給予提示詞
既有的存在	人物	實物	既有的著作作為 AI 的訓練資料
機器與軟體的參與	機器運作＋軟體運算	機器運作＋軟體運算	軟體大量運算
人類參與創作的貢獻	較多	較低	非常低

　　在上面比較表中，我想表達，人類都會使用機器輔助創作。早在 19 世紀，人類就開始使用傳統的攝影器材拍攝照片。美國最高法院於 1884 年的 Burrow-Giles Lithographic Co. v. Sarony 案，就認為攝影師拍攝人物，要求擺出姿勢，捕捉到特殊的表情，攝影師具有原創性，故該照片可獲得保護。在那個時候，人類對這張照片的參與程度很高。

　　可是人類對實物拍照，人類參與創作的程度已經降低，法院已經傾向不認為有原創性。進入 AI 時代，人類給予提示詞，要求 AI 生成內容，這個過程中人類雖然有參與（給予提示詞），但這樣的參與是否能算是參與創作？值得我們反思。後續將到本

書第三篇，再深入討論這個議題。

參考判決

(1) 最高法院 92 年度台上字第 1424 號判決（92.03.20）（氣球布置場所照）

(2) 智慧財產及商業法院 112 年度民著訴字第 12 號判決（112.10.03）（挖礦機產品照）

(3) 智慧財產及商業法院 111 年度民著訴字第 60 號判決（112.10.17）（人物照）

花錢請人創作還被告？

1. 著作人格權、著作財產權歸屬於誰？

上一講提到，著作創作出來，只要具有原創性，就可以獲得著作權保護。而接下來馬上要面臨的問題是，著作權到底是屬於誰的？是屬於創作人自己？還是屬於公司？還是屬於委託創作的金主？

著作人格權與著作財產權

要討論著作權屬於誰，必須先知道，到底什麼是著作權。所謂著作權，是由一群小權利所構成，分成著作人格權與著作財產權。臺灣法律下，著作人格權有 3 種，分別是公開發表權、姓名表示權、同一性保持權（禁止不當變更）。

著作財產權則將利用著作的各種方式，切割成 11 種小權利：重製、公開口述、公開播送、公開上映、公開演出、公開傳輸、公開展示、改作、編輯、散布、出租。每一種利用行為都有對應的小權利，包括重製權、改作權、散布權、公開傳輸權⋯⋯等。

在著作權法上，我們可以區分「著作人」和「著作（財產）權人」。著作人就是創作者本人。而著作（財產）權人是擁有著作財產權的人，也可以簡稱為著作權人。一般來說，創作者是著

作人，擁有著作人格權。但是著作財產權就未必是著作人的，著作財產權可能歸屬於創作者的公司。若是獨立創作者，則自己既是著作人也是著作權人，同時擁有著作人格權與著作財產權。

著作人格權與著作財產權

員工職務上完成之著作

著作權法第 11 條規定：「受雇人於職務上完成之著作，以該受雇人為著作人。……依前項規定，以受雇人為著作人者，其著作財產權歸雇用人享有。」

在絕大部分情況下，如果 A 是一家 B 公司的員工，A 的創作是其職務上的份內工作，亦即是上級所交辦的工作，所完成的作品 X。則此作品 X 的創作者，亦即著作人，是 A；但該作品 X 的著作財產權，則歸屬雇用人，也就是 B 公司。

A 員工是著作人，會擁有著作人格權，最重要的是姓名表示權。B 公司是著作財產權人，取得各種利用該著作的權利。他人想要利用作品 X，都要跟 B 公司聯繫，取得 B 的同意或授權。若未得到 B 公司同意，B 公司可以對他人提起侵權訴訟。

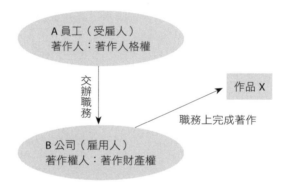

受雇關係職務上創作的著作權歸屬

但很重要的一個關鍵在於，並非所有員工的創作，都是職務上的著作。倘若員工是在下班時間，晚上進行自己有興趣的創作，而非上級交辦或公司指派的任務，這個創作就不是職務上創作。創作出來的著作財產權就歸屬自己。

出資聘人完成之著作

很多創作者是獨立創作者，會接受他人委託，完成創作。這時，在著作權法上稱為出資聘人完成之著作。出錢委託的人是出資人，收錢創作的人是受聘人。

典型的一種情況是，新婚夫妻請婚紗攝影公司拍攝專業的婚紗照，出錢的是新婚夫妻，收錢拍攝的是婚紗攝影公司。而拍攝出來的婚紗照，到底著作財產權歸屬於誰？

著作權法第 12 條規定：「出資聘請他人完成之著作，⋯⋯以該受聘人為著作人。但契約約定以出資人為著作人者，從其約定。（第 1 項）依前項規定，以受聘人為著作人者，其著作財產權依契約約定歸受聘人或出資人享有。未約定著作財產權之歸屬者，其著作財產權歸受聘人享有。（第 2 項）依前項規定著作財產權歸受聘人享有者，出資人得利用該著作。（第 3 項）」

簡單地說，在出資聘人創作的關係下，一切都要以契約約定清楚，包括著作人是誰，以及著作財產權歸誰。通常情況下，沒有約定，受聘人（婚紗攝影公司）是實際創作者，也就是著作人。而著作財產權，絕對要約定清楚；若沒有約定，著作財產權也歸屬於受聘人（實際創作者）。倘若新婚夫妻和婚紗攝影公司沒有約定著作財產權歸屬，則將由婚紗攝影公司取得著作財產權。但是，此時出資人（新婚夫妻）仍然可以利用該著作。

我們常看到許多訴訟爭議，都是屬於這種出資聘人創作的爭議。最關鍵的問題都是，在契約中沒有約定著作財產權歸誰，根

據法律就歸屬於受聘人。雖然出資人可以在原始委託目的範圍內利用該著作，但是出資人要做其他用途時，受聘人就會跳出來反對，認為自己才是著作權人，除非出資人再付一次錢才能利用。

2. 從寶來文創 v. 鼎泰豐看著作權歸屬的重要

著作權歸屬是一個實務上非常重要的問題。著作權法中大概規定，如果創作人是屬於公司的固定員工，且該創作是在公司職務上所完成的創作，其著作財產權歸屬於公司，在員工離職之後並不能繼續使用。如果不是公司的固定員工，而是專門接其他公司的案子來做，則屬於「出資聘人完成之著作」，則其著作財產權，要看契約有無約定，若無約定則就屬於「接 case 的人」。

近幾年來，新聞上不時會出現，寶來文創公司控告知名的鼎泰豐公司，侵害著作權的案件。這個案子的來由，是鼎泰豐公司和寶來文創合作開發周邊的文創商品，後來開發出包子形象的卡通人物「Q 版包仔」、蒸籠形象的卡通人物「Q 版籠仔」、以鍋鼎為形象設計的「Q 版鼎仔」。

鼎泰豐與寶來文創的關係，是一種合作關係；那麼，在合作關係下，著作財產權的歸屬，就要看契約的約定。這有點接近著作權法中規定的「出資聘人完成創作」，著作財產權的歸屬，要看雙方的約定。從當初寶來文創與鼎泰豐的契約來看，所創作出來的卡通人物作品，著作財產權都屬於寶來文創，而非屬於鼎泰豐公司。

鼎泰豐公司與寶來文創合作多年後，結束合作關係，鼎泰豐公司就找了其他公司，繼續使用這幾個卡通人物製作周邊商品。作為出錢的公司，鼎泰豐可能認為，自己可以使用這幾個卡通人物的著作權，不用得到寶來文創的同意。但實際上，鼎泰豐並不擁有著作財產權，因而寶來文創才提起訴訟。

提起訴訟後，智慧財產法院認為，「Q版包仔」、「Q版籠仔」的著作財產權，確實歸屬於寶來文創。但因為在雙方合作關係期間，鼎泰豐就已經委託其他公司使用這些圖案，寶來文創沒有明確表達反對，所以屬於「默示授權」。關於此點，沒有明確表示反對，是否就等同於「同意授權」，其實有很大的爭議。但不管如何，這個部分法院已經判決，鼎泰豐公司並沒有侵害「包仔、籠仔」的著作權。

但是，寶來文創另外主張，其所設計的「Q版鼎仔」（以鍋鼎為形象設計的卡通人物），還有「飛鳥圖案」，著作財產權也屬於寶來文創，而鼎泰豐公司一樣未經授權就繼續使用。該部分也判決確定，鼎泰豐確實侵害了寶來文創的著作權。

參考判決

(1) 智慧財產法院 107 年度民著訴字第 64 號判決（109.02.27）（Q版包仔、Q版籠仔）

(2) 智慧財產及商業法院 109 年度民著上字第 3 號判決（110.08.12）（Q版包仔、Q版籠仔）

(3) 智慧財產法院 107 年度民著訴字第 63 號判決（108.04.16）（Q
版鼎仔、飛鳥）

(4) 智慧財產法院 108 年度民著上字第 4 號判決 (109.09.10)（Q
版鼎仔、飛鳥）

3. 藝人青峰不能唱自己創作的歌曲？

2020 年 3 月開始，新聞上偶爾會看到，樂團「蘇打綠」創
始團員及主唱的青峰，在脫團單飛後，被前經紀人林暐哲的公司
控告，青峰公開演唱自己創作歌曲與發行新專輯，侵害該公司著
作權。外界不免疑問，這些歌曲都是由青峰自己創作，為何自己
不能使用？

著作權法規定，著作人完成創作之時，就會獲得著作權。在
本案中，藝人青峰不算是經紀公司的員工，所以創作完成的著
作，並不會歸屬於經紀公司，而是歸屬於青峰自己。既然如此，
怎麼還會被經紀公司提告？

專屬授權與非專屬授權

本案涉及的是「授權契約」的問題。在智慧財產法律中，包
括著作權法，權利人可以將權利授權給他人使用。而授權方式，
區分為「專屬授權」和「非專屬授權」。

所謂「非專屬授權」，就是著作權人可以將著作授權給多個

人利用。反之，「專屬授權」，就是著作權人只授權給一個人，不能再授權給其他人。甚至，在專屬授權之下，連著作權人自己，在授權期間都不能使用該著作。

授權除了區分專屬授權與非專屬授權之外，對於授權利用之地域、時間、內容、利用方法或其他事項，都可以由當事人詳細約定。但若約定不明之部分，推定為未授權。

授權的時間、地理範圍、利用方式，都應該約定清楚。例如，我的書籍，是要授權在臺灣地區發行？還是在大陸地區發行？只包括實體書的出版發行，是否包括電子書？發行的時間，是授權發行五年，還是發行永久？

另外，既然著作財產權切分成 11 種利用方式，包括公開傳輸權、公開播送權等。那麼，影片製作公司在授權時，可以很清楚地約定，只授權在臺灣網路上的公開傳輸權，但不包括在臺灣電視上的公開播送權。不過，由於臺灣將著作財產權切分地太細，會導致早年授權契約只有寫到授權公開播送，沒寫到授權公開傳輸，導致許多老影片後來想放到網路上卻需要另外授權的問題。其實某些國家的著作財產權沒有像臺灣切的這麼細，就不會有這種問題。因此，我們只能說，在授權時，被授權人一定要想清楚與寫清楚未來可能的各種利用方式，以避免沒有寫進授權契約，就不在授權範圍。

詞曲專屬授權契約有自動續約條款

青峰於 2008 年 8 月與「林暐哲音樂社」曾經簽署過「詞曲

版權授權合約」，將簽約前、簽約期間的所有詞曲創作，均「專屬授權」於林暐哲音樂社。且約定的專屬授權的期限為：「97年10月1日至103年12月31日止。甲乙雙方如未於本合約期限屆滿前三個月以書面提出反對，即視同本合約繼續有效自動延長一年，嗣後亦同」。有自動續約條款。

青峰決定單飛後，曾與林暐哲公司於107年12月6日簽訂「合約終止同意書」，但合意終止的部分，只包括「經紀合約及歌手合約」，並沒有明確寫到，是否包括「詞曲版權授權合約」。

另外，107年12月31日，青峰與林暐哲公司雙方曾發表共同聲明，說明二人合作關係結束，包括記載：「接下來，青峰會自己處理自己的工作事務。」但這是否表示雙方合意終止「詞曲版權授權合約」？

林暐哲主張，原來的「詞曲版權專屬授權合約」沒有終止，因而在108年又自動續約一年，所以青峰在108年間所創作的詞曲，以及108年間的專輯出版發行，仍然要經過林暐哲同意，否則就屬於侵權。林暐哲同時提起民事侵權訴訟和刑事訴訟（著作權侵害有刑事責任）。

109年4月6日，智慧財產法院就民事部分作出一審判決，認為青峰最慢已於107年12月31日在雙方共同聲明時，與林暐哲合意終止所有契約，所以沒有自動續約一年。林暐哲對一審判決不服，提起上訴，但二審還是判決林暐哲敗訴。

另外，刑事部分，檢察官於109年2月24日正式起訴青峰及其公司。雖然青峰在民事案件一審勝訴，但刑事案件竟被檢

察官起訴。雖然最後地方法院判決青峰無罪，但任何人被刑事起訴，一定是寢食難安。

　　從這個案件讓我們知道，縱使創作者擁有著作財產權，但是在簽約時，一定要看清楚是專屬授權還是非專屬授權。而且對於授權的時間也要確認，是授權用一次？還是授權五年？還是授權永久？

參考判決

> (1) 智慧財產法院 108 年度民著訴字第 134 號判決（109.04.16）
>   （民事）
> (2) 智慧財產法院 109 年度民著上字第 10 號判決（110.04.01）
>   （民事）
> (3) 臺灣臺北地方法院 109 年度智訴字第 5 號判決（110.06.15）
>   （刑事）

第 **3** 講
我抄襲了嗎？

1. 抄襲的概念與認定

抄襲就是作品侵害重製權或改作權

一般我們說的作品抄襲，在著作權法上，是指作品本身，侵害了重製權或改作權。若將抄襲的作品拿出去公開使用，還可能侵害公開展示、公開傳輸……等。最常侵害的就是公開傳輸權，所謂公開傳輸是指在放到網際網路上讓他人可以取得閱聽或下載。

那麼，抄襲到底是侵害重製權還是改作權？所謂重製，是指「以印刷、複印、錄音、錄影、攝影、筆錄或其他方法直接、間接、永久或暫時之重複製作」，也就是以各種方式將原作品的全部或部分內容複製。所以，若是寫論文時剪貼他人文章的許多段落到自己論文中，是侵害了他人的重製權。

而改作，則是指「指以翻譯、編曲、改寫、拍攝影片或其他方法就原著作另為創作」。在這裡講的改作，比較像是將外文著作翻譯成中文、將小說改寫成劇本、改拍成電影，在改作時也要投入較多的創意。

假設 A 同學在寫報告時，需要寫 5 頁，其中 4 頁都是剪貼網路上他人文章的內容，在前面第 1 頁加二段開場白，在最後 1 頁

加二段結論。A同學是侵害重製權還是改作權？這時其實只有侵害重製權，沒有侵害改作權。因為，A同學並非將他人文章進行了創意的改寫，而是重複製作了他人文章的多個段落，自己加寫了兩三段。所以並沒有改作，全部都是重製行為。

判斷抄襲的二個要件

大部分的人想要抄襲他人作品，不可能是完全一模一樣的照抄，而可能模仿其創作，再進行些許的修改。因此，如果有進行些許的修改，投入一點創意，可能算是重製了大部分著作，並進行輕微的改作。

因此，被告抄襲的作品，與原著作不會剛好一模一樣，而可能只是近似。在著作權法上，指控他人抄襲，在法院必須證明對方的作品與我的作品「實質近似」」（substantial similarity）。這個實質（substantial）是英文翻譯過來的，用中文的語感，應該是「相當程度的」。所謂實質近似，就是要相當程度的近似。

有時候可能會發生，A的創作與B的創作非常近似的情況。而我們也無法排除，A和B可能彼此沒有看過對方的作品，都是獨立完成創作，只是碰巧二人的創意很接近。有人稱此種情況為「平行創作」。因此，要證明對方抄襲，還必須證明對方有「接觸」（access）我的著作。

但是，這兩個要件可以彼此互補。如果二作品客觀上近似的程度非常高，對接觸的證明就可以放寬，只要證明原告的作品發表在先，被告有機會看過原告的作品，就夠了。反之，若近似程

度不高，則對接觸過作品的證據就要夠強。

不同著作種類的抄襲判斷方式不同

另外，由於著作的種類非常不同。有的一幅畫、一張照片，就可以構成美術著作、攝影著作。有的著作是一個長篇著作，例如 50 頁的論文。不同著作在判斷抄襲時，會有不同的判斷方式。

在長篇著作中，可以同時判斷抄襲的「質」與「量」。例如，在論文抄襲的判斷上，一般會先用「量」進行判斷，看剪貼了他人幾段文字，或用文字比對軟體判斷抄襲的比例。也就是說，在對量進行判斷時，可以將著作切割成一部分一部分，每個部分各自與原著作進行「比對」。

假設他人論文的核心發現，最後整理成一個概念圖或比較表，而我抄襲了這個最精華、最核心的概念圖或比較表。雖然看起來只抄襲了一頁，佔整個 50 頁論文比例不多，但我侵害了最精華、核心的創作部分，所以從「質」來判斷，仍然構成抄襲。

相對於論文這種長篇著作，在判斷「美術著作」或「攝影著作」這種單一作品是否被抄襲時，就沒辦法從「量」去判斷是否抄襲。只能從「質」的方面作判斷。法院一般會說，在作「質」之考量時，會比較二著作間的「整體觀念與感覺」。法院曾說：「既稱整體感覺，即不應對二著作以割裂之方式，抽離解構各細節詳予比對。且著作間是否近似，應以一般理性閱聽大眾之反應或印象為判定基準，無非由具備專業知識經驗人士以鑑定方法判斷之必要。」

2. 音樂著作抄襲：〈刻在你心底的名字〉抄襲西洋老歌？

在 2021 年 8 月第 32 屆金曲獎上，〈刻在你心底的名字〉獲得年度歌曲獎。但有人提出，〈刻在〉的副歌與西洋老歌〈Reality〉的旋律很接近，而主歌與中國獨立音樂人 JINBAO 在 2019 年發表的作品〈自由が丘〉的鋼琴前奏雷同。因此引發，該曲是否抄襲的爭議。

在著作權法上，要構成抄襲有二個要件，一個是要「實質近似」，一個則是要「接觸」。原告需要證明這兩個要件，才能說對方侵害其著作權。如果只證明實質近似，沒證明接觸，由於存在各自獨立完成創作的可能，並不構成抄襲。

是否有接觸的機會或可能，其實也是一個重要的關鍵。美國有的法院認為，如果「接觸」的證據很強，對「實質近似」的舉證要求可以降低。但是反之，是否因為有「高度實質近似」，就能降低對「接觸」的舉證要求，則不同法院有不同看法。

在這起風波中，身為潛在被抄襲的歌曲著作權人，並沒有真的想要提出侵權訴訟。首先，〈自由が丘〉的創作者 JINBAO 回應，他聽過〈刻在〉，認為和〈自由が丘〉前面的確挺像，「不過在流行歌曲裡，有幾句像也是存在的，和聲進行一樣也是很正常的事情……」一方面表示，只有主歌的幾句像，也許不構成實質近似，二方面他也沒有想要提起侵權訴訟。

其次，有臺灣網友詢問〈Reality〉原唱理查山德森（Richard

Sanderson）的看法，他回覆說：「我聽了這首歌，只覺得副歌的兩句有點相似，我不能說有任何抄襲……」原唱似乎不認為有抄襲。不過這裡要注意的是，歌曲的著作權並不屬於原唱，而屬於作曲人。作曲人是否認為抄襲或是否想提告，我們並不清楚。

在被指控的一方，〈刻在〉作曲者謝佳旺公開說明：「Reality 那首舊歌我是在去年憲哥的某個訪問中提過的之後我才去聽，其實就是『曾頑固跟世界對峙』這句旋律相似，整首歌的表達氛圍完全不同，但這還被說成抄襲我真的很難過。」意思是說，一方面可能近似的程度沒有高到實質近似，二方面也是說自己在創作前不曾接觸過〈Reality〉這首歌。

對另一首歌，謝佳旺說：「【刻在】最初 demo 是在 2019 年的 3 月尾弄好的。而【自由之丘】Youtube 裡的發佈時間是 2020 年的 12 月 29 日，但 2019 年的 3 月 11 日在內地的某個平臺上架了。我平常聽歌的習慣是 Apple Music，沒有 subscribe 其他的串流平臺，也不會突然間去到內地的哪個平臺找純音樂來聽。所以可以確定的是，我不可能會偶然地在哪裡聽到這首歌而留在耳朵裡。」這在著作權法的意思，就是主張自己在創作前沒有接觸過〈自由が丘〉這首歌。

這個案件，既然沒有人要提告，就不會有侵權的問題。但我們可從這起風波中，認識到著作原創的重要性，以及侵權的判斷方式。

3. 刺青圖是美術著作？也會抄襲？

坊間的刺青師（傅）很多，在客人身體部位上進行刺青，每位刺青師都會想出不同的刺青圖，各有各的創意。有些刺青師也可能模仿別的刺青師的作品。但大概沒想過，模仿他人刺青圖案設計，也會侵害著作權。

2023 年 5 月，臺北地方法院作出一則判決，一家刺青商店的二位刺青師，侵害另外二位刺青師作品的著作權，包括曼陀羅圖形、藍紫彼岸花、紅彼岸花、鳶尾花等四個作品。法院一方面判決二位被告四個月和三個月有期徒刑，得易科罰金，另外判決須賠償原告共 3 萬 4 千元。

一般人講的抄襲，在著作權法上是侵害重製權或改作權。如果模仿他人的作品但略為修改，通常可能會被認為侵害改作權。但二個人作品類似，如何說是誰抄誰的？

抄襲的要件主要有二，一是被告有無接觸過原告的作品，二是被告與原告的作品是否實質近似。本案中，原告兩位刺青師的作品，都在刺青之後拍照，並於 2018 年到 2020 年間發表於自己的 IG 和 FB 帳號上，任何人都可能接觸。而被告二位刺青師的類似作品，也拍照上傳到 IG 和 FB，但時間都在 2020 年間，晚於原告的作品發表時間。故法院認為，被告有機會接觸過原告的作品，且時間較晚，故應是被告抄襲原告。

至於作品是否實質近似，有一個前提。這些曼陀羅圖形、藍紫彼岸花、紅彼岸花、鳶尾花，本來就已經存在於其他前人的創

作之中。法官先要確認，原告的作品是否有別於前人的創作，具有原創性，而值得保護。

法院指出：「縱使曼陀羅圖形之創作仍依循自單一中心點，自該單一中心點向外以同心圓形式擴散出一系列符號和形狀之概念，但其配色、線條、圖案設計、自中心點向外擴散之方式，與不同的曼陀羅設計仍有差異，著作表達之方式並非侷限或單一。另藍紫彼岸花、鳶尾花、紅彼岸花圖樣雖係參考大自然中花卉外型設計，惟花朵顏色、花瓣、花芯展開之方式，與不同的彼岸花、鳶尾花外觀仍存在差異，可以表現出創作者之設計理念，著作表達之方式並非侷限或單一。從而觀諸本案美術著作之設計及編排，確實可表現創作者所欲表達之創作意涵，應可認已符合著作權法最低創意程度之要求……具有原創性……」（臺灣臺北地方法院 111 年度智易字第 27 號刑事判決）。

法院進而比對被告作品與原告作品的近似程度：「在判斷圖形、攝影、美術、視聽等具有藝術性或美感性之著作是否抄襲時，如使用與文字著作相同之分析解構方法為細節比對，往往有其困難度或可能失其公平，因此在為質之考量時，尤應特加注意著作間之『整體觀念與感覺』」（臺灣臺北地方法院 111 年度智易字第 27 號刑事判決）。

法院參考鑑定機構的報告，認為二者整體觀念與感覺構成實質近似。最後，法院認為被告侵害原告的改作權；且被告將改作後的作品上傳到網路，又侵害公開傳輸權。

參考判決

(1) 臺灣臺北地方法院 111 年度智易字第 27 號判決（112.05.17）

(2) 臺灣臺北地方法院 111 年度智附民字第 10 號判決（112.05.17）

4. 抄襲的賠償責任，向設計者求償？

業主被控侵權賠償後，轉向設計者求償

抄襲會有甚麼法律責任？在著作權法上，抄襲侵害他人著作的重製權、改作權、公開傳輸權等，須負擔民事賠償責任；甚至，著作權法還有刑事責任，也可能被追訴刑責。

民事賠償金的計算方式有好幾種。原告可能會主張，自己創作因為被侵權，導致一般的潛在收益被阻礙，請求賠償「所受損害與所失利益」，包括所有喪失的潛在收益。原告也可以主張，被告用侵權作品進行商業獲利，而要求將「被告因侵害行為的所得利益」，全部拿出來賠償。

許多創作者往往是接受金主（業主、甲方）委託，進行創作。這也是第 2 講所提到的「金主出資聘人創作」、創作者接 case 的情況。創作者在與金主的契約中，常常會寫一句話：「乙方（受託創作者）必須保證，對所提交的作品必須擁有完整的智慧財產權，且不會侵害他人的智慧財產權」。更重要的是，後面又加了一句：「倘若甲方（委託創作的出資者）因使用乙方所提交作品

而被他人控告侵權，任何遭受的損失，都應該由乙方承擔。」

創作者 B 接了一個 A 金主所委託的創作案，例如收了 20 萬元進行創作。B 將創作出來的作品交給 A 使用。A 在使用不久後，被外面的 C 控告侵害他的著作，求償 100 萬。倘若法院判決 A 須賠償 C 共 100 萬。根據原本 A 和 B 的契約，A 會要求 B 必須支付這 100 萬的損失，也就是 A 回頭向 B 求償。

所以，獨立創作者必須要注意，雖然接了這個 case 有 20 萬的收入，但若抄襲卻可能面臨更高額的賠償金，可能要賠償的是一整年的創作收入。故創作者絕對要避免抄襲問題。

學校校徽設計案轉向老師求償？

如果設計者不是獨立創作者，並非收錢辦事，而是公司的員工。奉公司工作上的指示進行創作。若創作出來的作品有抄襲或侵權問題，造成公司損失。公司也可能對員工進行內部懲處，甚至把員工開除。但是，公司是否可將所有公司的損失，都怪罪給員工一人，要求員工賠償公司所有損失？

媒體報導，國立屏東大學視覺藝術系助理教授，奉系主任指示，幫學校設計校徽。後來校方選中了該助理教授的作品作為校徽，並且註冊商標，開始對外使用。不料被外面的設計師發現，該校徽設計抄襲了幾年前設計師所設計的另一個作品。該大學與設計師和解，賠償 100 萬，轉而向助理教授求償 100 萬。

這則案例中的兩個圖形設計，確實高度近似。兩者以四本書的方式組成了一座山，在山後面有一個黃色朝陽，被山遮住部

分。且所選顏色也高度近似，所以，在侵害著作權的認定上，構成「實質近似」。

但侵害著作權，仍要判斷「是否有接觸」。該助理教授承認，確實在數年前透過其他學校的朋友，曾經拿到該設計師的簡報，看過這樣的設計作品。因而，也有「接觸」的證據。

這則案例，一般人看了兩張設計圖，都會覺得高度近似，確實構成抄襲。但有問題的是，校方賠償了 100 萬後，轉向老師求償，法院一審判決老師該賠償學校 80 萬。哪裡有問題？

在這個案件中，學校與老師並沒有簽約，委託老師進行創作。當然也沒有在契約中約定，若老師的創作造成學校損失，學校有權向老師進行求償。

員工創作侵權公司都沒有責任？

在本案中，學校主張的條文，是民法第 188 條第 1 項：「受僱人因執行職務，不法侵害他人之權利者，由僱用人與行為人連帶負損害賠償責任。……」第 3 項：「僱用人賠償損害時，對於為侵權行為之受僱人，有求償權。」但要用這個條文，最關鍵點在於，老師幫學校設計校徽，算不算是「執行職務」？

一方面，作為學校的助理教授，主要的職務是教學和研究。幫學校設計校徽，只是參加類似徵文、徵圖比賽一般，並非大學教師的「職務」。該助理教授因在系上的年資最淺，被系主任「要求」提供設計圖，是否屬於教師的職務，本身就可以爭論。

再者，學校高層開會討論，決定採用助理教授的設計，而不

採用其他人的設計，這是學校高層做成的決定。且學校要申請註冊商標，作為校徽大量使用，也是學校高層自己的行為，才讓侵害著作權的行為真的發生。

　　一審判決中討論，說助理教授侵害了改作權。實際上，該助理教授只是提供了內部設計圖，並沒有對外使用。真正使用該設計圖的，是學校。侵害重製權、改作權、散布權的，通通都是學校，並非該教師的行為。嚴格來說，這個侵權行為並非是教師做的行為，是學校做的行為。所以根本不符合民法第 188 條第 1 項「受雇人執行職務不法侵害他人權利」。因為該條的情況適用於「受僱人侵權」，但本案卻是「僱用人」侵權。

　　一審判決的法官，沒有注意到法條的細節，判決老師敗訴要賠償學校 80 萬。這表示所有學校、公司高層作的錯誤決策，都不用負責，通通推給下面的員工，將學校、公司的損失，要員工負責。這絕對是一個錯誤的判決。

　　這個案件上訴到二審後，二審法院沒有引用民法第 188 條，改而認為，老師提供的設計圖侵害著作權，造成學校損失。法院進而認為著作權法就是民法第 184 條第 2 項的「保護他人之法律」，而老師違反了民法第 184 條第 2 項保護他人法律造成學校損害，故應賠償學校損失。但法院認為不該全部損失都由老師承擔，故後來改判學校求償的 100 萬中，由老師賠償學校 50 萬。其實二審改用的法條，還是很有問題，但至少老師少賠了一些。意思是學校自己也該承擔部分損失。

　　這個案例給我們的啟發是：①不論參加任何徵文、徵圖比賽，

都要注意，不要抄襲他人作品。②員工幫公司設計、研發，都應避免抄襲。若發生抄襲，可能會被公司懲處，甚至解聘。③但是，公司可對抄襲的員工求償？這不符合民法第 188 條的規定。而公司管理層應該要為自己的錯誤管理決策負責，而非通通將責任推卸給基層員工。

參考判決

(1) 臺灣高雄地方法院 108 年度訴字第 1477 號判決（110.04.27）
(2) 智慧財產及商業法院 111 年度民著上易字第 1 號判決（111.07.14）

第 4 講

網路創作自由與合理使用

1. 合理使用的基本概念

著作權人對其著作擁有著作財產權，他人想使用其著作，原則上要與著作權人連繫，得到其授權，才可以使用。但是，一方面要連繫上著作權人可能非常麻煩，甚至根本聯繫不上；二方面若著作權人要求的授權金很高，利用人也負擔不起。

著作權法的設計，並非全部站在著作權人那一邊，也要考慮到利用人的需求。例如，老師為了教育、學生為了學習，都需要利用他人著作，國家基於促進老師能夠用較低成本進行教育、學生能夠用較低成本學習，需要為他們創造例外規定。這些例外規定，在法律上稱為「著作財產權之限制或例外」（limitations and exceptions），在美國稱為「合理使用」（fair use），臺灣一般也習慣稱為合理使用。合理使用的英文是 fair use，有人又戲稱為 free use。free 有二層意義，一方面可自由使用，二方面是免費使用。

美國模式 v. 日本模式

哪些情況可以主張合理使用？各國立法者須要在著作權人的權利保護，以及利用人利用的需求與公共利益上，進行利益衡

量，作出決定。

各國對於合理使用的規定，大概採取二種模式。一種是列舉模式，例如日本，會將合理使用的具體情況，明確列出來（日本著作權法第 30 條至 50 條）。

另一種是概括模式，例如美國，雖然有條文寫出具體的合理使用情況，但條文並不多（美國著作權法第 108 條至 113 條），大多數時候，其設計了一個概括規定（美國著作權法第 107 條），規定了判斷是否能主張合理使用須參考的四種因素，交由法院在每一個具體情況中，根據這四種因素進行逐一且綜合判斷。

臺灣採取哪一種模式呢？一方面，臺灣在許多法制上，覺得日本的條文很清楚，比較容易學習，所以在著作權法第 44 條到第 64 條，參考日本的規定，採取列舉方式，大概列出了約二十種具體的合理使用情況。但另方面，也受到美國影響，認為永遠可能會出現新的情況是之前沒有想到的，所以在第 65 條參考美國的概括規定，規定判斷合理使用的四個因素。

日本 列舉模式	美國 概括模式
臺灣	
列舉規定 （第 44 至 64 條）	概括規定 （第 65 條）
約 20 種具體情況 學日本	四因素 學美國

合理使用四因素

著作權法第 65 條概括規定所規定的四個因素為：

一、利用之目的及性質，包括係為商業目的或非營利教育
　　目的。

二、著作之性質。

三、所利用之質量及其在整個著作所占之比例。

四、利用結果對著作潛在市場與現在價值之影響。

第一個因素，問的是利用者的目的。如果利用者的目的是非
商業性使用，或者是出於非營利教育目的，比較值得政府鼓勵，
較能主張合理使用。

第二個因素是問被利用著作的性質。倘若被利用著作是創意
性高的著作，較不能被他人主張合理使用。反之，若屬於報導性、
事實性、研究性的著作，較能被他人主張合理使用。

第三個因素是問利用的質與量，尤其量在被利用著作所佔之
比例。例如，縱使寫論文可以主張合理引用他人著作，但引述的
段落或字數不能太多。這是量的考量。但有時雖然用他人著作的
量不多，但用到著作的精華、核心，屬於「質」，可能也不能主
張合理使用。

第四個因素是指不付費利用的結果，對原著作潛在市場（包
括目前的銷售市場或授權的市場）和著作現在價值的影響。

這四個因素在每個個案中，都必須先逐一判斷，然後再綜合

判斷。有點像是權重的概念。例如總分是 20 分，每個因素 5 分。每一個因素都要在 1 到 5 分之間打分數，能主張合理使用給 5 分，比較不能主張合理使用給 1 分。最後四個因素的總分加起來，若總分超過 12 分，也許能主張合理使用。總分低於 12 分，就不能主張合理使用。

由於具體合理使用規定有 20 種，我們不一一介紹。以下僅以同學、老師、記者等三種群體，說明這三種人可以主張的具體合理使用規定。至於概括條款，我會用二個有趣的網路事件作為例子進行討論。

2. 學生可以主張的合理使用規定

對學生來說，在學習過程中不論寫作業、報告、論文，都會需要主張合理使用。在這個過程中，大概會用到下面幾種合理使用規定。但要注意，每一條條文都有其限制。

(1) 圖書館影印資料

學生寫報告、論文要做的第一步，就是要到圖書館蒐集資料。但資料太多在圖書館看不方便，故需要將資料影印，帶回自己寫報告論文的房間慢慢閱讀。影印資料會重製他人著作，此時能否主張合理使用？

著作權法第 48 條第 1 項第 1 款：「供公眾使用之圖書館……，於下列情形之一，得就其收藏之著作重製之：一、應閱覽人供個

人研究之要求，重製已公開發表著作之一部分，或期刊或已公開發表之研討會論文集之單篇著作，每人以一份為限。」所以，學生可以利用圖書館的影印機，影印圖書館藏書的一部份（最好不要超過全書 10％），或期刊中的一篇論文。影印好帶回去再慢慢閱讀。

(2) 個人非營利目的使用個人設備重製他人著作

可是現在的學生偷懶，已經不喜歡上圖書館找資料。網際網路上充斥的各種論文、報告、文章的檔案，學生在家用電腦上網就可以查到許多資料。學生除了在網路上閱讀，也會下載到自己的電腦中。甚至用自家的列印設備將資料印出來。下載檔案和列印資料都會侵害重製權。此時能否主張合理使用？

著作權法第 51 條規定：「供個人或家庭為非營利之目的，在合理範圍內，得利用圖書館及非供公眾使用之機器重製已公開發表之著作。」所以，學生為了寫論文在網路上搜尋各種資料，找到值得參考的資料，可以下載一份儲存到自己的電腦中，或用印表機印出來閱讀；但僅限於非營利目的、自己參考使用。

(3) 論文中引用他人著作

找到資料後，學生要開始寫報告、論文。但寫論文時，可否剪貼他人文章上的段落到自己的報告中？還是要用自己的話將他人文章上的論述改寫後，寫到自己的報告、論文中？

著作權法第 52 條規定：「為報導、評論、教學、研究或其

他正當目的之必要，在合理範圍內，得引用已公開發表之著作。」寫作論文時，常常需要引用之前學者的研究成果或看法，或評論前人的看法。根據此條，學生可以在合理的範圍內，「引用」他人已公開發表之著作。這裡講的引用，包括較短篇幅的原文引用。若是較多的篇幅，則應該進行改寫，然後引用。

(4) 明確引註出處

不論是原文引用，或是將他人論點改寫後引用，都要明確引註出處。著作權法第 64 條規定：「依……第五十二條……規定利用他人著作者，應明示其出處。」所以，就算論文中可以引用他人著作，也要「明示其出處」，做適當的引註。

3. 老師教學簡報、教學影片可以主張的合理使用

1992 年版教學合理使用只規定製發講義

著作權法中，也支持老師為了教學，可以在合理範圍內，使用他人著作。2022 年修改著作權法以前，原本的教學合理使用規定，是在 1992 年時修法納入的條文。當時那個年代，連使用 PowerPoint 簡報都還不普遍。所以當時設計的教學合理使用，只規定老師可以上課製作並分發講義。

1992 年版第 46 條規定：「依法設立之各級學校及其擔任教學之人，為學校授課需要，在合理範圍內，得重製他人已公開發表之著作。」也就是可以為了教學製作授課講義，在合理範圍內

剪貼他人的著作。製作好的講義，可以重製並發放給學生。但是其仍有限制，其在講義中使用他人著作的篇幅，不得有害於著作財產權人之利益者。例如，可以將他人教科書中的一章放到講義中，但不能將他人教科書的半本內容都編入講義，這樣會嚴重影響到他人教科書的著作權。

在 2000 年之後，幾乎所有老師授課，都不再使用傳統的紙本講義，而開始製作 PowerPoint 簡報。簡報中一樣會將他人的著作，包括文字段落、圖片、照片等，甚至也會用電腦的投影設備穿插播放一些短影片。我們可稱之為現場的多媒體教學。但不論在簡報中或課堂多媒體教學中，使用了他人的著作，老師都沒有得到他人授權。但 1992 年版的第 46 條，沒有規定到這些簡報與多媒體教學的合理使用。

甚至，有的老師開始製作教學網站，將簡報或教學補充資料放到網站上。但簡報、教學補充資料，甚至網站設計本身，可能都有使用到他人著作。同樣地，1992 年版的第 46 條，也沒規定到這些網路教學的合理使用。

這些簡報製作、現場多媒體教學、網際網路教學等行為，既然都不在既有第 46 條的保護範圍。若被著作權人提告侵權，老師只好援引著作權法第 65 條的合理使用概括條款。例如，我以前任教的學校中，有一個老師製作教學網站，使用到二張知名野鳥攝影家拍攝的野鳥照片，被該攝影家提告。學校請我替這個老師出庭辯護。因無法援引第 46 條的規定，我只好援引第 65 條合理使用概括條款。

在第 65 條概括條款下，老師是有機會主張合理使用的。因為老師是出於非營利教學目的，若使用他人的著作偏向事實性、資訊性的著作，使用的量不大，使用結果對原著作權人的影響不大等，綜合來看主張合理使用成功的機會大。事實上，我當時幫同校老師辯護的案件，一審也獲得勝訴。

因新冠疫情而修法增加更多教學合理使用規定

不過，這種使用合理使用概括條款的方式，對老師有很大的不確定性。到 2020 年 2 月後新冠疫情期間，許多老師都必須採用線上遠距教學。有的學校也要求老師要將教學影片錄下來放在網路上，或將教學簡報上傳到網路，讓因確診無法準時上課的學生，可以事後找時間自己補看教學影片或看教學簡報。

但是，老師平時上課用的簡報，可能會用到他人的著作。用該簡報拍出來的教學影片，裡面一樣會看到他人的著作。這樣還是有侵權疑慮。而這些侵權疑慮若都靠第 65 條概括條款，有不確定性，讓許多老師無法放心。

因此，為了更清楚地規定老師的教學活動可以主張合理使用，2022 年 6 月著作權法修正，增訂了相關規定。

(1) 現場多媒體教學

首先，老師平常在教室現場上課，使用自己準備的簡報投影片，內容會用到一些他人繪製的著作（圖片、表格）。由於只會有課堂上的學生看到，影響的範圍有限。2022 年著作權法修正

後，在第 46 條第 1 項明文規定，老師在實體課堂上教學，可以在合理範圍內，用電腦投影設備播放利用他人著作。可以主張合理使用。

(2) 網路教學

但現在要把「播放簡報含講解」的過程錄製成線上教學影片，放到網路上，一方面構成「公開傳輸」行為，且放到網路上可能有更多人觀看，影響的範圍變大，侵害著作權的問題變得更明顯。

2022 年著作權法修正，對教師網路教學賦予合理使用，但設定了一些條件。其將網路教學進一步區分為：封閉式網路和開放式網路。

a. 封閉式校園網路

如果老師將教學資料或教學影片，放到學校自己建置的封閉式的網路上，只限於校內學生，且需要註冊、修課者，才能上線觀看。這與課堂教學的受眾大致一樣。故在第 46 條第 2 項規定，此種情況可以主張合理使用。

b. 開放式網路

如果老師將教學資料或教學影片，放到開放式的網路，例如YouTube，因為會接觸到更多人，所以合理使用的空間較小。對此種開放式網路，著作權法第 46 條之 1 規定，教師無法主張一

般的合理使用，而只能主張特殊的「法定授權」。亦即，老師在事前可以不用得到原作者同意而使用其著作，但事後要想辦法聯絡原作者，支付適當之使用報酬。而且，這個網路必須是非營利的網路，例如未對觀眾直接收費的 YouTube。倘若放在營利性的教學平台，因為學生必須付費才能觀看，則無法主張此條的法定授權。

　　看起來，新增訂的著作權法第 46 條之 1 的法定授權，並不是一個好用的制度，因為還是必須「事後付費」。這對老師來講是不太可能的。

　　我認為，倘若老師的著作，包括教學影片，放在開放式的網路，而被人控告時，可能很難符合新的第 46 條之 1 的規定。因此，當被告時，最好還是援引著作權法的其他條文，包括第 65 條的概括條款，或者第 52 條。第 52 條規定：「為……教學、研究或其他正當目的之必要，在合理範圍內，得引用已公開發表之著作。」老師可以主張在簡報或教學影片中對他人著作是一種「引用」。注意，既然強調引用，就絕對要引註出處。也就是說，老師製作簡報要像寫論文一樣，使用到任何他人的著作，都要在該片簡報中引註出處。

　　不過，既然已經修法增訂了著作權法第 46 條之 1 後，在老師的網路教學被告時，還能否援引第 65 條概括條款或第 52 條之引用，或許有爭議。這就得看之後若有老師被告的案件，法院如何判決了。

智慧財產法院 98 年民著訴字第 5 號民事判決（98.3.27）（教學網
站侵權，作者替其辯護而勝訴的案件）

4. 記者媒體的合理使用規定

自從手機、平板等移動設備興起後，越來越少人訂閱觀看紙
本的報紙，而只上網閱讀新聞。而製作網路新聞的媒體，因為沒
有出版紙本的需求，成本大幅降低。但是，也有越來越多的低成
本媒體的記者，自己不做新聞採訪調查，只在電腦前看別家優質
媒體的新聞，就去抄襲他家的報導。頂多做一些改寫，並把標題
修改一下，就在自家網路媒體刊登一篇新的報導。

這種現象在各國和臺灣都很普遍，英文有人稱為「news
plagiarism」或「news copying」。中文可能有人稱為「抄新聞」
或「新聞抄襲」。最嚴重的情況是，當某家優質新聞記者投入採
訪調查時間才寫出的獨家報導，在報導後沒多久就被其他媒體抄
寫，網路上進而出現一堆類似的報導，獨家報導不再是獨家。

這種行為在著作權法上是被允許的合理使用嗎？其實不是。
以下說明記者在採訪報導時可以主張的合理使用。

著作權法中，跟記者採訪報導最有關的條文有二條。第一條
是，若是 A 媒體有一位專業的調查採訪記者 B，根據第 49 條：「以
廣播、攝影、錄影、新聞紙、網路或其他方法為時事報導者，在

報導之必要範圍內，得利用其報導過程中所接觸之著作。」也就是說，記者 B 為了查明真相，在調查採訪中自己查到看到接觸的著作，得可以合理利用，引入報導中。

但是，不可以解釋為，另一家低成本媒體 C 的記者 D，為了要跟進寫出這個主題的報導，「接觸」了 B 寫的獨家報導，然後根據第 49 條，記者 D 抄寫出相同的報導。如果低成本媒體 C 的記者 D 也想跟進報導這件事情，他可以援引的條文是另一條，第 52 條。

第 52 條規定：「為報導、評論、教學、研究或其他正當目的之必要，在合理範圍內，得引用已公開發表之著作。」也就是說，記者 D 可以跟進報導這件事，在合理範圍內，引用媒體 A 記者 B 的報導，說根據 A 媒體的報導，有這個事件。但是，雖然 D 記者可以引用或適度改寫，但一樣要遵守引註出處的規定。

可是，由於網路新聞報導重視影像的吸引力。媒體 A 當初的報導，有附上記者 B 難得拍到的新聞事件照片或採訪對象照片。媒體 C 和記者 D 能否說是基於引用，所以必須翻拍、轉載這張照片？並說翻拍、轉載照片的行為是一種引用？

我認為不行。因為第 52 條說要在合理範圍內引用。這個合理範圍多少要參考業界自己的運作規矩，但是將其他媒體辛苦拍到的吸引人的照片直接轉載，這應該不算是合理範圍，也不算是引用。尤其，在合理範圍的判斷上，參考第 65 條的四因素的第三個因素，會考量到照片往往是新聞報導的核心或最吸引人處。利用其他媒體最吸引人的照片，宣稱是引用，應該超出了合理的

範圍。

　　此外，也可以對照著作權法第 61 條：「揭載於新聞紙、雜誌或網路上有關政治、經濟或社會上時事問題之論述，得由其他新聞紙、雜誌轉載或由廣播或電視公開播送，或於網路上公開傳輸。但經註明不許轉載、公開播送或公開傳輸者，不在此限。」這裡特別提到，若是一些政經社議題的時事論述，其他媒體可以轉載，但沒有說難得拍到的照片，其他媒體也可以自由轉載。

　　事實上，臺灣就曾經有幾個知名的案件，是媒體控告另一家媒體。而控告的焦點，不是文字報導的引用或改寫，而是直接把最吸引人的照片直接翻拍轉載。有一件是聯合報記者拍到難得的邱毅假髮照片，其他媒體未經同意就翻拍轉載。另一件是知名體育主播傅達仁到瑞士安樂死時，蘋果日報跟隨到瑞士進行專訪，但網路媒體未經同意就轉載其專訪的照片。

參考判決

(1) 智慧財產法院 103 年度民著上更（一）字第 2 號判決（104.06.18）（邱毅假髮照片案）
(2) 智慧財產法院 107 年度民著訴字第 87 號判決（109.04.28）（傅達仁專訪照片案）

5. 谷阿莫五分鐘看完電影？

前面提到，老師製作教學簡報或教學影片，放到網路上，可能會被告侵權，而且要主張合理使用的規定也不容易。

有人會聯想到，那為何許多 YouTuber 上的網紅，製作各種影片時，都會使用到電影公司或影片公司的片段？尤其，很多電影評論或介紹影片，都大量使用電影公司的影片片段，而且幾乎是從頭到尾都使用電影片段作背景，只是台詞聲音另外搭配。這樣大量的使用都沒有侵權，老師的教學影片只用到他人一點內容，還需要擔心侵權問題嗎？

介紹或評論電影影片與合理使用

事實上，對於 YouTuber 網紅的影片用到大量電影片段，並不代表沒有侵權。只是電影公司大部分時候，對此種行為寬容，沒有提出告訴而已。之所以電影公司不告，可能認為網路上越多討論一部電影的影片，對其電影票房是有正向幫助的。所以只要這些 YouTuber 的行為不要太過分，電影公司也無須提告。但是，2017 年，五家電影片商決定對網紅谷阿莫提告，認為他所拍攝的「X 分鐘看完電影」系列，嚴重侵害了他們的電影著作權。為何片商只挑谷阿莫提告，而不告其他電影介紹評論網紅？原因在於，其他影片介紹評論網紅，不會只有介紹，會有多一點評論。且對影片的使用，多使用片商合法釋放出來的片段。但谷阿莫的使用，一方面評論不多，而幾乎就是把整個劇情濃縮講出來。更

有問題的是，其似乎也使用了一些非法盜版的影片片段。

谷阿莫被告侵權後，自己拍了一段影片聲明，認為自己可以主張著作權法第 52 條或第 65 條的合理使用。

從谷阿莫這段影片中的聲明來看，其似乎認為，其製作的「X 分鐘看完電影」系列，只涉及影片畫面的利用。但實際上，他還涉及了故事情節的利用。剪接利用原影片的各種片段，涉及重製行為；將電影故事情節摘要並講述出來，涉及改作行為；將重製及改作後的作品上傳到網站，涉及公開傳輸行為。

上述這些重製、改作、公開傳輸行為，均會侵害片商的著作財產權。不過，如谷阿莫所言，他是否可以主張著作權法上的「合理使用」？合理使用的拿捏雖然不容易，但我認為，谷阿莫的影片應該不構成合理使用。

谷阿莫或許想主張《著作權法》第 52 條：「為報導、評論、教學、研究或其他正當目的之必要，在合理範圍內，得引用已公開發表之著作。」主張其所拍攝的影片或許是一種報導和評論。

但我認為，嚴格來說，其比較接近於「濃縮」改作，亦即將 100 分鐘的電影濃縮成 5 分鐘，是一種典型的改作方式。其影片雖然帶有譏諷的用語，但評論成分不高。若真是為了純粹報導和評論，其實不需要將整個劇情講出來，或者可以透露劇情但不使用原始影片，因此他的做法超過了「合理範圍」。

此外，合理範圍的判斷，也可依《著作權法》第 65 條，該條提供了 4 項因素。第 1 是「利用行為之目的與性質」。谷阿莫表面上好像無營利，但實際上是吸引網路點看流量，以販賣廣

告，屬營利行為，不利於主張合理使用。倘若利用他人著作能產生高度轉化性價值，仍有機會主張合理使用；但是谷阿莫的影片只是將他人電影精華濃縮，搭配自己解說，並沒有高度轉化性使用。

第 2 是「被利用著作之性質」，由於被利用之影片具有高度創意，屬於創意性著作，較不能被人主張合理使用。

第 3 是「利用在整個著作所占的比例」，谷阿莫擷取的影片，從量來講約占電影時間的 5%，但是在「質」上面卻擷取了電影的精華片段，不利於主張合理使用。

第 4 是「利用結果對著作潛在市場之影響」。部分網友看了「X 分鐘看完影片」，知道電影重要劇情與結局，便不再消費正版，影響原著作的商業市場。相對地，部分網友可能因為看了 X 分鐘系列後而決定花錢去看正版影片。「因而不看」與「因而去看」的人，誰多誰少很難講，第 4 個因素勝負難斷。前 3 個因素都對谷阿莫不利，第 4 個因素不一定。綜合四個因素來看，他雖想主張合理使用，但我認為成功的機率不高。

事實上，2020 年有新聞報導，谷阿莫決定賠償五家片商超過百萬元的賠償，以換取與片商和解，希望他們撤回刑事的告訴。從願意和解的結果來看，大概可以知道，法院傾向認為，谷阿莫的利用不構成合理使用。

影像二次創作者的合理使用空間

認定谷阿莫影片侵權，是否就代表否定網路的創作自由呢？

過去文字創作時也需要擷取他人片段文字進行改寫，而主張合理的「引用」。同樣地，網路世界的影片或圖像創作者，可能也會在自己的創作中，擷取他人的圖片或影片，穿插到自己的影片中，或用其圖片或影片上進行修改，或稱之為「再創作」。

這種網路上使用他人影片圖片進行穿插或修改的利用，也有人稱為「二次創作」。而這些網路創作者認為，文字創作者可以用著作權法第 52 條的合理引用他人著作，那麼影像創作者也可以類似用第 52 條合理引用他人的圖片影像著作進行二次創作。

我認為這個說法有道理，文字創作者既然都需要引用或改作前人的文字，而影像創作者也有引用或改作前人影像的需要。因此，為了讓網路影像創作者有一定程度的創作自由，這些網路影像創作者，確實可以比照文字創作者一般，在合理範圍內引用或改作他人著作。

但其仍有一個限制，就是必須自己有新的創作，亦即，其引用或改作他人著作，必須是為了自己的新創作。只要有新的創作，在合理範圍內，可以引用或改作前人的著作。而重點在於，「再創作的程度」與對「原著作利用量」的比例。若「再創作程度低」卻「利用大量原著作」，確實難主張合理使用。

6. 美國模仿性嘲諷與歌曲改編《Pretty Woman》案

臺灣著作權法第 65 條的合理使用概括條款，乃承襲自美國著作權法第 107 條的合理使用概括條款，一樣有四個因素，進行

綜合判斷。美國著作權的合理使用並不固定，可承認新型態的合理使用，只要能通過四個因素的綜合審查。

在過去，美國法院承認所謂轉化性使用（transformative use），可作為一種合理使用類型。所謂轉化性使用，就是後人利用前人著作後，將之傳達出與原著作相比、某些新的、不同形式的著作，或擴張其效用，而貢獻公共知識。通常，轉化性使用比較多是因為科技的發展創新，利用既有著作而開發出不同的新應用外，具有轉化性價值。

除了科技發展創新之外，轉化性使用來有一種特殊類型，就是模仿性嘲諷（Parody）的類型，也可屬於合理使用。純粹的諷刺作品（Satire）和模仿性嘲諷（Parody）有所不同。純粹的諷刺作品，是自己獨立創造，來諷刺社會的各種現象。諷刺作品通常是要諷刺特定對象，但並沒有模仿他人作品。而模仿性嘲諷，則需要模仿特定作品，利用特定作品的原素，以嘲諷方式進行批判。

美國最著名的模仿性嘲諷的案例，是最高法院在 1994 年的 Campbell v. Acuff-Rose Music, Inc. 案。該案是一名藝人團體，改編另一名歌手原來的歌曲，而被控告侵權。

Campbell 案中，被告 2 Live Crew《Pretty Woman》對原告 Roy Orbison 的《Oh, Pretty Woman》進行部分模仿，並改編為 Rap 歌曲。就詞的部分，除了第一句「Pretty Woman, walking down the street」以外，其餘歌詞都有改寫。就曲的部分，2 Live Crew 只使用了原曲第一句最令人印象深刻的旋律（也就是配合

第一句歌詞「Pretty Woman, walking down the street」的旋律）和其前奏。後面的歌曲旋律，都做了某程度的改編，與原曲旋律曲調已經不同。

該案中，美國最高法院承認模仿性嘲諷（parody）是一種很重要的轉化性使用。該判決認為，所謂的轉化性使用，應該是指「不只是取代原著作，而是有其他目的或不同性質，對原著作增加新表達、意義或訊息，而改變原著作」。其並指出，著作權法的目的，在於促進科學與藝術，而創作轉化性作品通常可以達成此一目的。故此種作品應屬於合理使用之核心，在著作權範圍下享有呼吸空間。

雖然美國最高法院承認模仿性嘲諷可以作為合理使用，但合理使用仍然要經過美國著作權法第 107 條的四因素檢驗。

第一個因素，所謂的模仿性嘲諷，必須是真的要嘲諷原作品。美國最高法院在 Campbell 一案指出，如果利用前人作品的元素，並不是要進行批判，而只是想借此得到關注，或想省去創新之苦，則無法主張合理使用。

美國最高法院認為，在 Campbell 案中，2 Live Crew 將原作中想表達的在街頭搭訕美女的浪漫想像，透過改編歌詞，想批判原歌詞對街頭搭訕的天真想像，批評原作忽略了街頭生活的醜陋和它所代表的卑鄙之情。法院認為該案被告確實是想要批評原作的浪漫幻想。不論批評的好或不好，但確實構成對原作的批判。

第二個因素，因為被使用的著作屬於創意較高的詞曲，所以這一點對於主張模仿性嘲諷並不有利，但也許也不那麼重要。

第三個因素，對原著作使用的量與質。對原作可以使用多少，要扣合其使用的目的。既然是模仿性嘲諷，一定會對原作做某程度的模仿，讓人家看得出來是在嘲諷哪一個作品。必須其模仿性嘲諷的性質，能夠被合理的認知（reasonable perceived）。最高法院指出，為了讓觀眾認知到是在模仿哪一個作品，則可使用原作的最獨特或令人難忘的特徵，以讓觀眾瞭解其模仿的對象。

最高法院指出，Campbell 案中，2 Live Crew 只用了原作最令人印象深刻的第一句歌詞與旋律，包括第一句旋律前的前奏，但是此後的歌詞與旋律開始做了改變，與原作不同。最高法院認為，使用第一句歌詞以及在此之前的旋律，屬於原作的核心部分，但這是為了讓人認知到模仿的對象，符合模仿性嘲諷的目的所需。最高法院認為，2 Live Crew 使用的範圍，並沒有超過必須使用的範圍。

至於第四個因素，對原著作現在市場與潛在授權市場的傷害。此時就要討論，模仿性嘲諷者未經授權，是否會傷害其他衍生授權的市場？最高法院在該判決中討論，2 Live Crew 的創作，並非單純只是嘲諷，本身也是一個 rap 的創作。但原作也可能授權給其他 rap 創作者，所以應該要去討論，2 Live Crew 的創作是否會傷害原作的 rap 授權潛在市場。因為這一點在下級法院都沒有討論，故最高法院要求發回時特別討論這一點。

7. 博恩《TAIWAN》仿作劉樂妍《CHINA》

藝人博恩和謝政豪經營的薩泰爾娛樂，在 2020 年時以搞笑模仿和改詞的方式，翻拍劉樂妍《CHINA》音樂錄影帶，改編成《TAIWAN》並拍成音樂錄影帶，放到 youtube 上，引發侵權爭議。

其中，所謂的模仿和改詞，主要是援引原來的曲，整首歌曲的曲調都沒有改。改的只有歌詞。博恩將歌詞中的中國省分或元素，全部對稱地改為臺灣縣市或元素。至於模仿的部分，主要是音樂錄影帶 MV，以博恩男扮女裝的方式，模仿整支音樂錄影帶的畫面場景。最特別的是，原來《CHINA》音樂錄影帶的男主角，和《TAIWAN》音樂錄影帶的男主角，竟然是同一名演員，讓兩個音樂錄影帶的畫面相似度很高。

對於這則侵權指控，薩泰爾娛樂在其臉書上張貼聲明指出：「2020 年 5 月 15 日由本公司所發表之創作【TAIWAN】，為嘲諷劉樂妍【CHINA】之作。本公司作品內容雖有刻意搞笑、娛樂性質，但更重要且明顯的，是對劉作之親中立場表達對抗。」亦即，其主張這是一個嘲諷之作，且認為屬於「政治性言論自由

之合理使用，應受法律保障」，而不必得到授權。

前面提到，著作權法第 65 條概括條款的四因素，是模仿美國而來。美國法院在過去案例中，承認所謂的「詼諧仿作」或「模仿性嘲諷」（parody）可構成合理使用。所謂模仿性嘲諷，就是以模仿他人原著作重要內容的方式，讓閱聽者知道模仿的作品對象，但是又想要嘲諷該原作品。

不過，要避免一個誤會，並非所有的模仿性嘲諷，均能通過合理使用的檢驗，仍必須經過合理使用的四因素逐項檢驗。其中，若參考前述美國最高法院 Campbell 案的判決可知，在四因素中，第一個因素，是要討論是否真的是對作品本身的嘲諷？第三因素，為了模仿性嘲諷必須使用一定程度的原作才會讓閱聽者認知到嘲諷的對象，但是，也不能以為只要主張模仿性嘲諷，就可以對原著作全盤使用。這也會連帶影響第四個因素，當對原著作使用過多時，就會對原著作產生市場替代效果，傷害原著作的市場，或者傷害原著作的授權市場。

回到博恩所創作的《TAIWAN》，其主張是一種模仿性嘲諷之合理使用，但其是否能通過合理使用四因素的檢驗？以下提出筆者的初步觀察。

首先，到底本著作是否為典型的模仿性嘲諷？對於劉樂妍《CHINA》作品的嘲諷，也許有二個方向。第一個方向，如果博恩的改編歌詞，是在劉樂妍原歌詞對中國大陸元素的讚美上，改編為對中國元素的嘲諷，也許更能符合典型的嘲諷及批評意味。但是博恩走了第二個方向，博恩的改編歌詞，對應到原作的

歌詞，改為對臺灣元素的讚美。這一點，某程度來說，只是表達不同的政治立場，對於原著作到底有什麼嘲諷式的批評？不過就這一點，到底模仿性嘲諷所嘲諷的對象，是否一定要是作品本身？還是可包括針對創作者的政治立場？容或有討論空間。

其次，若對照到美國 Campbell 案可知，整個《TAIWAN》音樂錄影帶對原著作的使用太高。①對原歌曲旋律為全部使用。②對音樂錄影帶的影像，全部進行模仿式的拍攝，甚至男主角居然是同一人，與原影像相似程度過高。

因此，若套用進合理使用四因素的判斷，就要討論，為了達到模仿性嘲諷，是否有需要使用這麼高比例的原創作元素？包括歌曲的全部利用與音樂錄影帶內容的高程度利用？我個人認為，似乎逾越了模仿性嘲諷之必要範圍。

從博恩與薩泰爾娛樂的聲明，似乎反應了一種錯誤認知：其認為只要屬於模仿性嘲諷的創作類型，都可以主張合理使用，而不需要管合理使用四因素的判斷，也不需要管使用的質與量，以及對原著作的市場傷害。

網路侵權抓不到我？

1. 網際網路對著作權法的衝擊

網際網路興起衝擊著作權制度

30 多年前網際網路的興起，徹底衝擊著作權法，改變了大多數網路使用者對著作權的付費使用觀念，也挑戰與衝擊著作權法的執法運作。

網際網路的大量資訊以及免費觀看、下載，徹底改變人們的閱讀方式，也影響了使用者對著作權的觀念。使用者會以為，網路上的東西都是他人自願丟上去免費分享的。久而久之，對資訊的取得會漸漸認為都可免費使用，付費的觀念降低。而且，也不會在意網路上被放出來的內容資訊是否是合法授權還是違法侵權，只要是網路上的東西，不但要看，還要跟更多朋友分享。

傳統著作權法所設計的執法方式，是透過民事訴訟與刑事訴訟，民事訴訟是由著作權人自己找到侵權者，自己對侵權者提告。刑事訴訟是透過警察、檢察官的協助，對侵權者提告。但是，一方面，網際網路的侵權者往往是匿名的，甚至是跨國界的，很多時候根本不知道或找不到侵權者。二方面，網路的侵權散播速度太多，熱門的盜版影片，往往一夜之間就幾十萬人點閱，而若要透過訴訟去阻止侵權，花了幾個月甚至幾年，著作權人的利益

已經被徹底破壞，就算告贏也挽回不了損失。

與網際網路有關制度的歷次修法

近 20 年來，著作權法的修正，幾乎每一次都是為了嘗試解決網際網路帶來的問題，所進行的修正。這樣的修正每三年、五年就修正一次，但網路侵權的問題似乎越來越嚴重，修法只能減緩網路侵權的惡化。

首先，2003 年在加入 WTO 時，立刻加入了二個與網際網路有關的制度。第一個制度最重要，就是將網路的侵權，明確的寫入條文。對於將著作內容上傳到網路開放讓人讀取或下載的行為，稱為「公開傳輸行為」。若未得到著作權人的授權就隨意上傳著作，會侵害著作權人的「公開傳輸權」。（著作權法第 26 條之 1）。

第二個制度是避免使用者刪除權利管理資訊。什麼是權利管理資訊？任何的著作都有創作者、發表日期等資訊。例如，一本書的封面上寫著作者姓名、書名、出版社名稱，後面寫著編輯者、發行日期、甚至寫上「版權所有、翻印必究」，這些都是權利管理資訊。但網際網路上大家隨意分享、轉發，往往都不知道該著作的原始作者和相關資訊。故 2003 年第二個引入的制度，乃規定任何人不得移除或變更著作權人所為之權利管理電子資訊。違反者可處一年以下有期徒刑（著作權法第 80 條之 1、第 96 條之 1）。

2004 年又修法新增第三個制度，乃是為了避免人們破解著

作權人自己保護自己著作權所寫的程式。著作權人知道要靠訴訟保護自己，緩不濟急，不如透過程式自我保護，避免他人讀取或下載自己的著作內容。例如，有些網站或資料庫需要帳號密碼才能進入，或者有些檔案不准使用者下載，這些都是著作權人透過程式保護自己的著作權。外國稱此種自我保護的方式為科技保護措施（technological protection measure），臺灣稱為防盜拷措施。2004 年修法時增訂，任何人不得破解、破壞或以其他方法規避著作權人所採取之科技保護措施。違反者可處一年以下有期徒刑（著作權法第 80 條之 2、第 96 條之 1）。

2007 年修法，將侵權檔案分享技術也列為侵權的一種態樣。當時修法是為了對付當時網路上興盛的點對點音樂分享網站的侵權，包括當年紅極一時的 Kuro 和 ezPeer 網站。點對點的分享技術，使用該軟體的使用者會侵害重製權與公開傳輸權，但是提供這種點對點分享技術的網站和軟體，自己沒有分享音樂，到底有沒有侵權，產生爭議。故 2007 年修法時規定，如果開發並提供「檔案分享技術」的人，明知道使用者會用這種檔案分享技術來侵權，且也鼓勵大家多加使用，那麼其行為也構成侵權。

2009 年修法，對於線上平台所提供服務協助用戶侵權的問題，規定線上平台應該協助解決用戶侵權問題，而設計了一套通知取下機制。

2019 年修法，對於彙集網路盜版影片網址的網站和數位機上盒，增加了侵權規定。

最後這二次修法，後面會再說明。

2. 我將盜版影片的網址連結分享給朋友是否侵權？

2003 年修法增訂了「公開傳輸權」。所謂的公開傳輸，根據著作權法第 3 條的定義，「指以有線電、無線電之網路或其他通訊方法，藉聲音或影像向公眾提供或傳達著作內容，包括使公眾得於其各自選定之時間或地點，以上述方法接收著作內容。」

思考以下情況：我看到一個盜版的影片覺得很不錯，將連結網址貼到我的 FB 或 Line，跟好朋友分享。我只是貼了一段網址，並沒有上傳盜版影片。我的行為會侵害公開傳輸權嗎？也就是說，我的行為會符合法條中所謂的「向公眾提供或傳達著作內容」？

各地方法院曾認為提供盜版超連結就是侵權

在 2010 年以前的判決中，許多地方法院判決認為，提供盜版超連結已經構成直接侵害公開傳輸權。這些判決認為，提供超連結本身，就已經算是向公眾提供或傳達著作內容，而構成公開傳輸。不過，這幾份判決都是刑事簡易判決，可能是因為在刑事責任的壓力下，被告和檢察官達成認罪協商或同意進行簡易判決。而既然被告同意認罪，法官就沒有仔細檢討提供超連結行為是否真的侵害公開傳輸權。

但也有少數法官認為，提供盜版超連結並不構成公開傳輸。少數法官之所以認為不構成公開傳輸，乃是引用智慧財產局的釋函，認為提供超連結並不是公開傳輸行為。頂多會構成幫助

侵權。

智慧財產局和智財法院認為不是侵權

智慧財產局的其中一個解釋說：「……二、於個人網站上擺放網頁音樂播放器，提供歌曲音樂網址連結，供不特定人士線上串流試聽音樂之行為，如僅係將他人網站之網址轉貼於網頁上，藉由網站連結之方式，使其他人可透過該網站進入其他網站之行為，因未涉及『公開傳輸』他人著作，原則上不致於造成對他人公開傳輸權之侵害。」

但又進一步指出：「不過仍應注意篩選連結的網站，如果明知他人網站內的著作是盜版作品或有侵害著作權之情事，而仍然透過連結的方式，提供予公眾，則有可能成為侵害公開傳輸權之共犯或幫助犯，將會有侵害著作權之危險，宜特別注意。」（經濟智慧財產局 96 年 6 月 25 日電子郵件 960625 號函釋）。

根據智慧局的解釋，提供盜版超連結本身，並不是公開傳輸行為。只是在特定條件下，行為人明知該網站內容盜版，仍然提供超連結，則可能會和真正公開傳輸者構成共同正犯或幫助犯。但要構成共同正犯，必須有犯意聯絡和行為分擔；要構成幫助犯，也必須有幫助認識。

地方法院法官在 2010 年前處理超連結問題時，似乎都未能正確地適用相關法律。2010 年以後，智慧財產法院已經比較了解這個問題，而作出的判決也明確認為，單純提供超連結給他人，連結到盜版的網站，提供超連結者並非侵害公開傳輸權。但

如同智慧財產局的解釋，如果提供盜版超連結的人，和真正上傳盜版影片的人認識，則可能與盜版影片的人是共同正犯或幫助犯。

3. 販售數位機上盒、教人安裝使用有罪？

2019 年 4 月立法院修改著作權法時，在著作權法第 87 條新增第 8 款，俗稱數位機上盒侵權條款：「八、明知他人公開播送或公開傳輸之著作侵害著作財產權，意圖供公眾透過網路接觸該等著作，有下列情形之一而受有利益者：①提供公眾使用匯集該等著作網路位址之電腦程式；②指導、協助或預設路徑供公眾使用前目之電腦程式；③製造、輸入或銷售載有第一目之電腦程式之設備或器材。」

這個條文中，所謂「彙集該等（侵權）著作網路位址之電腦程式」，如前一單元所述，單純提供超連結並不侵權，但「明知」這是一個侵權檔案的網路位址，還彙集整理這些侵權的網路位址，寫成電腦程式，提供公眾使用，本就會構成幫助侵權。這次修法更明白規定，這種行為就是一種侵權（第 1 目）。

此外，教導公眾安裝使用這種電腦程式（第 2 目），或者販賣安裝好這種電腦程式的數位機上盒（第 3 目），都構成侵權。

喧騰一時的安博盒子侵害電視台著作權案件，就是這種案件。新北地方法院於 2024 年 2 月底作出一審判決，判決臺灣安博公司負責人黃先生四年有期徒刑。

安博盒子只是一個電視機的機上盒，購買之後可以按指示下載安裝專屬的機上盒程式（「UBTV」、「UBLIVE」、「NTV」等程式），執行該程式後，可以免費收看臺灣大約 60 個有線電視頻道，也可以收看大陸各個頻道、各種陸劇、韓劇。甚至後期，該犯罪集團也提供臺灣的「四季線上（4gTV）」、「愛爾達電視（ELTA TV）」、「LiTV」等 OTT（Over-The-Top media）的節目。所謂免費收看，是因為該機上盒是連到大陸地區的伺服器，下載盜版侵權的節目影片。

從著作權法的角度來看，該集團非法重製臺灣電視頻道的節目，侵害電視台節目的重製權。該集團將這些節目上傳到大陸伺服器，讓人可透過安博盒子及程式連結到這些大陸伺服器，會侵害公開傳輸權。而臺灣的負責人黃先生和大陸非法集團為共犯，故法官依照著作權法中最重的條文（著作權法第 91 條第 2 項意圖獲利而侵害他人重製權最高可判五年徒刑），判決黃先生四年有期徒刑。另外，法院也判決黃先生應賠償每一頻道新臺幣 250 萬元之損害賠償，合計 1 億 3,250 萬元。

除了主要負責人被重判之外，當時協助販售安博盒子的廠商，包括在光華商場的店家或蝦皮網站的店家，就販售安博盒子機上盒的行為，是否也違反著作權法？

本案中，銷售給消費者的安博盒子機上盒，還沒有安裝收看程式，亦即還沒有安裝「匯集侵權著作網路位址之電腦程式」，所以不符合第 3 目的「製造、輸入或銷售載有該侵權電腦程式之設備或器材」。但是在銷售安博盒子時，銷售店家和員工會指導

購買者如何下載安裝該電腦程式，所以，配合銷售的零售商（圓陽公司），會符合第 2 目的「指導、協助或預設路徑供公眾使用侵權之電腦程式」。因此，法院判決配合銷售的公司與人員也侵害著作權，也須負擔刑事與民事責任。

此一案件讓我們知道，銷售違法的數位機上盒收看盜版電視頻道和影片，會有侵權責任。更重要的是，任何人若開發一個電腦程式或 APP 程式，專門匯集各種網路侵權影片的超連結，讓使用者透過該程式點選連結收看盜版影片，開發這種程式或指導協助安裝這種程式的人，也會違反著作權法。

參考判決

（1）新北地方法院 112 年度智訴字第 3 號刑事判決（113.2.27）。
（2）新北地方法院 112 年度智重附民字第 3、4、7 號附帶民事訴訟判決（113.2.27）。
（3）新北地方法院 112 年度智重附民字第 5、8 號刑事附帶民事訴訟判決（113.1.24）。

4. Google、FB 連結新聞網站要付費？

如上所述，提供盜版著作超連結，未必會侵權。那麼，如果提供的是合法著作的超連結，更應該不會侵權才對。可是，為什麼對於 Google 和 FB 這種大型線上網站，對合法新聞報導進行超

連結，歐盟或立法說要得到新聞網站的同意或授權？甚至澳大利亞立法強制 Google 和 FB 一定要付錢給新聞網站呢？

新聞網站難以收取廣告收益

許多新聞媒體進行網路世界後，都各自架設新聞網站，並希望透過網站的廣告獲得收益，補貼實體新聞報紙或雜誌的虧損。但有 Google 這種新聞蒐集、匯集服務出現，以及後來的 FB 提供用戶分享新聞文章連結的社群網站出現，網友們大部分時間都直接透過 Google 查詢新聞或新聞匯集服務，或從 FB 的朋友新聞分享取得最新新聞資訊，而不直接進入新聞網站。

網友將時間停留在 Google 和 FB 的網站上，Google 和 FB 取得了網友的瀏覽時間，得以蒐集使用者個資，進行分析後對使用者投放精準廣告，獲得大量的廣告收益。反之，新聞網站耗費大量人力資源產製新聞，卻無法讓網友停留在新聞網站上，故廣告收益不多。根據統計，2019 年全澳大利亞的網站廣告收益，Google 獲得 53%，FB 獲得 23%，其他所有網站加總只獲得 19%。

歐盟先前立法要求大型線上平台必須獲得新聞網站同意

對新聞網站而言，投入大量成本產製新聞內容，讓網友上網閱讀，卻無法獲得廣告收益，廣告收益大部分都由 Google 和 FB 賺走，感到不平。為了解決這樣的困境，2013 年之德國和 2014 年之西班牙，最早提出立法要求，凡是提供新聞匯集、整理、連結的大型線上平台，必須獲得新聞網站的授權同意；倘若未獲得

同意就進行匯集、整理、連結，就構成侵權。

進而，2019 年 4 月，歐盟通過了新的歐盟數位單一市場著作權指令，其中針對新聞超連結的問題設計一新的規定，一般稱為「新聞超連結稅」（link tax）。大致上就是要求大型的線上平台，因提供新聞匯集或轉貼服務，在連結新聞時重製了新聞的部分內容（標題、首行、照片等），並且提供超連結等，屬於侵害新聞出版者之著作權，必須獲得新聞出版者之同意授權。

歐盟模式下，大型線上平台利用其談判地位拒絕付費

不論德國、西班牙之立法，或者歐盟這樣的著作權指令修法，都可以說是領導世界的最新立法。不過，德國、西班牙之立法，乃至歐盟之指令，均只要求，大型線上平台需要獲得新聞出版者之同意，但並沒有強迫雙方一定達成金錢支付的協議。

在德國推動類似法案後，大多新聞網站均同意免費授權給 Google News 使用，故並沒有造成實質的影響。而在西班牙，因為其規定 Google News 的這類使用一定要支付授權金給中介團體，而非直接由新聞網站授權，因此新聞網站無法免費授權。這樣的設計，導致 Google News 不願付錢，決定退出西班牙市場。

歐盟的著作權指令修法也有破綻。歐盟著作權指令明確指出，單純的超連結行為，不需要支付超連結稅。意思是說，一般 Google 和 FB 在提供超連結新聞文章網頁時，會重製並使用新聞標題、新聞內容片段、以及新聞照片等，故需要付費。但是，單純的文字超連結本身，並不需要繳交連結稅。

正因為如此，法國在 2019 年落實歐盟著作權指令修法後，Google 的反制之道，就是在新聞搜尋結果上，不再使用「擷取片段」，而拒絕付費，直到新聞網站「同意」其免費使用該新聞內容。但此行為反而引起法國競爭法主管機關的調查，於 2020 年 4 月認為 Google 此舉乃是濫用其市場力量。

澳大利亞立法強迫大型線上平台談判

澳大利亞國會於 2021 年 2 月 17 日三讀通過了「新聞媒體與線上平台強制談判規則」（News Media and Digital Platforms Mandatory Bargaining Code）修正案，要求大型線上平台，包括 Google 和 FB 等，提供新聞搜尋、轉貼者，有義務與新聞媒體就轉貼新聞報導之補償金，進行談判，談判不成時，由該法成立的仲裁庭進行仲裁。

澳大利亞的立法，某程度是在解決歐盟模式的不足之處，避免 Google 等大型業者挾其龐大的市場地位與談判立場，達成「不用付錢之協議」。因而，此次立法的提案機關為澳大利亞競爭與消費者委員會（Australian Competition and Consumer Commission）負責提案修法，其主要就是為了解決大型線上平台的優越談判地位所產生之競爭上的不公平，而設計的立法。

澳大利亞的立法要求，新聞媒體與大型線上平台，一定要進行補償金協商，不管有沒有談成協商，都不可以對各種新聞媒體進行差別待遇。也就是說，除非 Google 和 FB 在澳大利亞完全不提供任何新聞媒體的搜尋、連結、轉貼服務（亦即退出這塊服

務），否則一定要進行補償金協商。

　　這個法案，完整的條文乃是「2010 年競爭與消費者保護法」之修正草案，名為「新聞媒體與數位平台強制談判規則」（News Media and Digital Platforms Mandatory Bargaining Code）修正案。澳大利亞之立法方式條文非常繁瑣，整部修法光條文就佔了超過 50 頁內容。關於強制談判補償金以及仲裁程序的內容，就佔了 18 頁、30 個條文，詳細規範各個階段的談判與仲裁細節。

　　例如，其規定在協商啟動後 10 天內無法達成，就直接交由專門的仲裁庭進行仲裁；仲裁庭可讓雙方提出交易「要約」，而仲裁庭可在兩個要約中，選擇一個作為仲裁結果。這個在兩個要約的金額中選擇一個的立法，讓大型線上平台幾乎喪失了談判力量。這也就是為什麼，Google 寧可在該法通過生效之前，努力與每一個新聞網站達成三年的協議，而避免走這個新法談判與仲裁程序。

　　相對地，FB 則拒絕談判，揚言將停止澳大利亞帳號的轉貼新聞服務。因為 FB 以威脅退出澳大利亞市場作為威脅，後來澳大利亞政府也放寬姿態，妥協了幾個地方。澳大利亞對強制仲裁機制的強制性做了緩和，讓授權協商期可以更久一點，避免直接進行仲裁。因此，該法正式上路後，FB 也與澳大利亞媒體達成就新聞轉貼付費的協議。

臺灣呢？

　　那麼，臺灣呢？雖然在臺灣內部，許多新聞媒體也呼籲政府

應該制訂類似的法律，要求 Google 和 FB 與新聞網站「分潤」。但是目前為止，政府並沒有打算推動這樣的立法。其中有一個可能理由是，臺灣在著作權法和網路管制的思考上，比較是遵循美國和日本的腳步。在美國和日本都沒有採取這個制度的情況下，臺灣政府不太願意接受歐盟、澳大利亞這種思維。

不過大家應該會發現，從 2022 年以後，在 FB 上分享新聞連結，這樣的貼文觸及率會非常低。也就是，FB 雖然沒有禁止用戶張貼新聞連結，但 FB 不會讓你的朋友看到這則貼文，降低觸及率。FB 的用意是想強調，自己是一個讓用戶分享個人文章、照片、影片的平台，而非靠用戶分享新聞文章獲得流量的網站。透過這個方式，FB 凸顯自己並非靠分享新聞文章獲利。所以，其意謂著政府也不應該立法要求 FB 要付費給新聞網站。

5. 著作權人如何打擊 BT 技術盜版？

前面提到，2007 年修法新增的條文，將侵權檔案分享技術也列為侵權行為。當時是為了對付網路上興盛的點對點（peer to peer）音樂分享網站的侵權，包括當年的 Kuro 和 ezPeer 音樂分享網站。當時修法認為，開發並提供這種檔案分享技術的人，且也鼓勵網友使用這些技術，應負擔侵權責任。

對 BT 種子下載技術欠缺有效執法工具

但是，這個條文的前提，必須是找得到這些開發並提供檔案

分享技術的人或公司。隨著網路檔案分享技術的演進，現在普遍流行的檔案分享技術是 BT 種子下載分享。但對 BT 種子下載分享的技術（軟體），根本找不到開發並提供該技術的人。提供 BT 種子下載分享技術（軟體）的提供者，往往是外國網站上的不知名網友。因而無法對提供 BT 種子下載分享技術的人提告。此外，第一個利用該技術提供盜版影片的人，也往往是外國的不知名網友，也很難對其提告。因此，在現行著作權法下，對提供 BT 技術與提供盜版影片者，缺乏有效打擊工具。

某些國家在打擊利用 BT 種子下載分享盜版影片採取的有效方式，是直接封鎖張貼盜版影片 BT 種子分享的「BT 分享網站」，要求網路連線公司直接拒絕連線外國這類 BT 分享網站。只要連不上這種網站，就不知道如何開始下載分享盜版影片。

但目前為止，臺灣的著作權法並沒有這種法條，允許政府或著作權人請求法院命令「封網」，封鎖外國 BT 分享網站。但部分檢察官或法官卻改用別的法條，例如「沒收犯罪工具」的條文，認為封鎖一個網站也是沒收該網站的網域名稱。這種做法雖然有效，但是在法條的依據上卻有點勉強。

著作權人自己加入 BT 分享掌握侵權網友資訊並提告

政府和官方欠缺封鎖 BT 分享網站的有效工具，但是著作權人卻想辦法用自己的方式，來掌握使用 BT 分享的網友資訊，並利用著作權的刑事責任對網友提告。但是著作權人的目的不是要讓網友坐牢，而是希望網友認錯並賠償。也就是一般常說的「以

刑逼民」。著作權人以這種自助的方式，提起大量告訴，卻造成警察、檢察官的負擔，讓檢察官不開心。

2022 年 9 月，臺北地檢署認為長跑好手林義傑涉嫌「上傳影片陷害網友下載」、「違法包攬訴訟」，決定起訴林，引發大眾關心。其中，就「上傳影片陷害網友下載」的部分，涉及了 BT 影片分享技術與蒐證的問題。

媒體報導比較類似案例時提及，2022 年初，臺北地檢署起訴另一起案件的三名被告。這三名被告替影視公司擔任「告訴代理人」，替其提起告訴，並由檢察官調查或起訴。報導宣稱，這三名被告透過「設陷阱」的方式，自己將影片檔案上傳到 BT，讓網友下載（下載同時會自動上傳分享），讓網友不小心落入陷阱；再進而以刑逼民，試圖和解獲得賠償金。

BT 分享的技術特點在於，使用者下載的同時也會自動分享，讓其他網友可以從多個來源同時下載。貪圖免費的網友以為自己是在下載（侵害重製權），同時也在上傳分享（侵害公開傳輸權）。

判決提到：「陳某某明知上述論壇網址多設於國外，取締不易，但如佯裝使用者登錄分享網站並下載軟體，進而參與盜版影片的下載及上傳，即可取得仍在上傳、下載或其後登錄下載、上傳者的 IP 資料」，這樣就可以將下載（同時上傳）影片的網友的 IP 位置交給警察，提起刑事告訴。

沒辦法證明著作權人是設陷阱的人

檢察官指控的設陷阱是指，著作權人自己故意將影片上傳到網路，製作 BT 種子檔，第一個分享影片，故意讓人去下載分享，然後再將下載分享的網友一網打盡。

問題在於，如何能證明誰是第一個將影片上傳分享的人？在2022 年初的三人被告案例中，有二人認罪，故被判決有罪。但有一人不認罪。法院審理後，認為無法證明其是第一個將影片上傳分享的人，故其並沒有設陷阱陷害網友，而判決其無罪。（臺灣臺北地方法院 111 年度易字第 267 號刑事判決）。

因此，雖然林義傑也被檢察官認為有設陷阱上傳影片陷害網友，但是，事實上檢察官可能沒辦法證明到底誰是第一個上傳的人，因此法院可能會認為沒有證據可證明這個指控。

非律師但非法包攬訴訟？

檢察官似乎認為，這些影片公司利用以刑逼民的方式提起刑事告訴，但公司負責提告的職員並非律師，沒有資格提起刑事告訴。

在法律上，「告訴代理人」是否只有律師能擔任？在法律上並非只有律師能擔任告訴代理人。而真正負責調查、起訴的人是檢察官。如果檢察官認為，不應該幫助告訴代理人「以刑逼民」，應該想辦法避免起訴；但若檢察官配合起訴，卻說包攬「訴訟」的人是「告訴代理人」，似乎有點勉強。

據林義傑的聲明，真相智慧財產顧問公司部分業務乃從國外

影視公司取得「專屬授權」，進而對國內網友提出告訴。如果是著作權的「專屬被授權人」，根據著作權法第 37 條第 4 項：「專屬授權之被授權人在被授權範圍內，得以著作財產權人之地位行使權利，並得以自己名義為訴訟上之行為。」本來就有權利以自己為「受害人」，用自己名字提起告訴，而不是擔任其他受害人的告訴代理人。

此時，專屬被授權人處理的是自己的案子，而不是包攬別人的案子（並非擔任他人的告訴代理人）。這或許就是林義傑所稱，自己在為著作權人爭取權益，是合法的行為，不解為何會被認為是「包攬訴訟」。

臺灣著作權刑事責任打擊過廣

雖然林義傑公司的行為，可能屬於合法的告訴權益，但以刑逼民的商業模式，卻不為一般網友樂見。真正的問題在於，是政府的法律創造了以刑逼民模式的猖獗。

雖然著作權因為有刑事責任，確實有廠商會以提告刑事為威脅，逼迫網友花錢和解，出現典型的「以刑逼民」。若要解決以刑逼民的方式，應該另外考慮修法限縮著作權刑事責任。

我國著作權法的刑事責任，比起 WTO 下 TRIPS 或 CPTPP 的要求，打擊範圍都太廣。TRIPS 要求，僅對蓄意、具有商業規模的盜版行為，才要規定刑事責任。而 CPTPP 第 18.77 條作類似規定。

網友單純貪圖免費下載一部電影，並非具有商業規模。一方

面，網友並非出於「商業利益或財務得利」，二方面，網友個人的下載，也不算是會「對著作權人之市場相關利益造成實質不利影響」之「重大行為」。

由於臺灣的著作權法，對網友的個別下載、上傳行為，都設有刑事責任，導致著作權人傾向對不願意花錢請律師的網友，採取「以刑逼民」模式。筆者認為，「以刑逼民」模式的出現雖不可取，但卻是政府錯誤法律上允許的「合法行為」。

如今檢察官卻對這種著作權人之專屬被授權人的「合法行為」，說是包攬訴訟，可能也限民於不義。若真心想避免人民從事以刑逼民的模式，政府應該負起責任，修法限縮著作權的刑事責任。

參考判決

(1) 臺灣臺北地方法院 111 年度易字第 267 號判決（111.06.20）
(2) 臺灣臺北地方法院 111 年度易字第 267 號判決（111.06.29）

6. 線上平台對用戶侵權內容無庸負責？

2009 年修法，增加了學自美國的「網路服務提供者侵權責任與免責規定」的一整套規定（著作權法第 90 條之 4 到 90 條之 12）。來自美國的這套制度的基本理念是，為了鼓勵網路服務的自由發展，原則上，各種網際網路服務提供者，包括各種線上影

音平台（如 YouTube）、內容分享平台（如 FB）等，不用對使用者上傳的侵權內容負責。但是，網路平台必須協助下架這些侵權內容。

美國的通知取下機制

美國的這套制度來自 1998 年通過的《數位千禧年著作權法》。其設計的基本前提是，線上平台可能要為用戶的侵權內容負起幫助侵權責任。但若線上平台做了下列的一系列義務，就可以進入「安全港」，而無庸對用戶上傳的侵權內容負責。

線上平台要採取的一系列義務如下：

(1) 原則上，線上平台無庸主動巡邏、過濾是否有侵權內容，只要被動地等待著作權人檢舉／通知。

(2) 線上平台要設置檢舉窗口，讓人可提出檢舉／通知。也要對用戶說明，或被檢舉侵權太多次，線上平台有權將用戶停權。

(3) 當著作權人附上相關證據對線上平台檢舉／通知某用戶的某頁面內容侵權時，線上平台會先立刻將被檢舉內容下架，但也要轉知被檢舉的用戶。

(4) 被檢舉用戶收到通知後，可能會不滿，認為自己上傳的內容沒有侵權，此時用戶可以對線上平台提出抗議（反通知）。

(5) 線上平台若收到用戶抗議，可將抗議信轉給檢舉人看。並告知檢舉人須在十天內正式到法院對侵權用戶提起訴訟。並將提告證據提供給線上平台。

⑹ 若檢舉人真的提告，線上平台就維持被檢舉頁面（內容）下架狀態。但若檢舉人沒有提告，表示不是認真的，線上平台就會恢復被檢舉頁面（內容），回復上架。

這整套制度的設計，一方面，對於認真的檢舉人（著作權人），可以比法院更快速地讓線上平台的侵權內容下架。二方面，也避免不認真的檢舉人的惡意檢舉，傷害用戶上傳創作內容的創作自由。三方面，對線上平台的責任要求非常輕，他們不需要主動過濾檢查用戶上傳內容是否有侵權，只要等有人檢舉時再進行上述步驟，就可以免責。

歐盟的主動過濾和通知行動機制

美國是在 1998 年設計了這套通知取下機制，臺灣於 2009 年在美國壓力下引進這套制度。但至今已經過了超過 25 年。歐盟認為，線上平台的侵權活動越來越嚴重，對線上平台協助對抗侵權的義務也應該提高。

因此，歐盟在 2019 年通過的《歐盟數位單一市場著作權指令》，對線上內容分享平台（例如 YouTube、FB），課予更重的協助義務。其不僅要求通知取下機制，還要求線上內容分享平台盡到二個義務。一、當著作權人提供一些判斷是否侵權的資訊時，線上平台要利用這些資訊主動檢查、過濾用戶上傳的內容是否侵權。二、當著作權人曾經檢舉下架某些侵權內容，線上平台也應該採取過濾機制，避免類似的內容重新被上傳。

其次，歐盟在 2022 年底又通過另一個重要的法律《數位服

務法》。歐盟《數位服務法》並非針對著作權，而是針對所有網路的違法或侵權，包括各類智慧財產權的侵權，以及其他的違法內容。例如，一般認為《數位服務法》可被用來對抗擊網路假訊息。

《數位服務法》採取了另一個制度，稱為「通知行動機制」，修正了美國的「通知取下機制」。在美國通知取下機制下，雖然著作權人檢舉了，但若沒有後續提告，線上平台又會讓該內容回復上架。但歐盟的通知行動機制是，任何人提供證據檢舉網路內容侵權時，平台在一定期間內（例如 7 天內），要自己判斷到底有無侵權，並作出決定／行動。若線上平台判斷有侵權，應該採取行動將侵權內容下架。

被檢舉用戶可以利用線上平台的申訴機制提起申訴。但並不像美國的通知取下機制，在美國制度下，當被檢舉用戶抗議時，檢舉人若不提告，平台就會回復被下架的內容。在歐盟的制度下，就算被檢舉用戶申訴，被下架的內容暫時還是維持下架，除非用戶申訴成功，才會恢復上架。

上面二個法律，一方面要求線上內容分享平台，採取更主動的事前過濾檢查，以及事後避免類似內容反覆上架的義務。二方面要求線上平台接受著作權人檢舉，並自己判斷有無侵權，也不能因為被檢舉人抗議就恢復上架。這兩個制度共同實施下，對線上平台課予非常重的義務。但在這種制度下，著作權人的權益可以獲得更快速的保障。

臺灣是否要採取這類制度呢？如同前述新聞文章超連結制度

是否要付費的問題一樣，臺灣是跟隨美國、日本的腳步。美國目前沒有制定這樣的制度，短期內臺灣政府可能也不會推動這樣的修法。

第 二 篇

學術倫理／論文抄襲篇

臺灣學界對學術倫理的重視，來自幾個學術圈龍頭的事件。第一起事件是 2014 時任教育部長蔣偉寧和陳震遠的合著論文，有操作期刊審查的問題事件。那起事件主角是陳震遠，只是因為教育部長掛名 5 篇論文的作者，導致教育部被迫開始重視學術倫理，並開始推動校園學術倫理教育。

第二起事件，是 2016 年臺灣大學校長楊泮池合著論文的照片造假事件。該起事件的主角是郭明良，但臺大校長是 4 篇論文的共同作者，因而被波及。因為涉及臺大校長與國科會計畫，所以國科會／科技部也開始重視學術倫理。

這二起事件雖然涉及不同的學術倫理態樣，但都有一個共同問題，就是教育部長和臺大校長為何還需要掛名其他人的論文共同作者？故論文掛名其實是學界普遍存在的一個嚴重問題。

接著到 2020 年的高雄市長補選，2022 年的地方縣市長選舉，許多候選人的碩士論文都被起底，發現有抄襲爭

議。從之前學者寫的專業論文的學術倫理問題，演變成關心學生的學位論文的抄襲問題。導致現在學生畢業後被檢舉論文抄襲的事件層出不窮。

以下這幾個單元，會說明論文抄襲、論文掛名的相關案例與概念，也說明其可能會產生的嚴重法律責任。

第 6 講
學位論文抄襲／不想公開？

1. 論文構成「抄襲」還是「未適當引註」？

學位論文字數通常比起期刊論文的字數更多，但現在的碩士生素質大不如前，許多碩士生為了湊字數，論文不是用寫的，是用剪貼的。亦即將他人論文或文章的段落，逐頁、逐段的複製貼上。

在第 4 講時提到，著作權法第 52 條規定：「為報導、評論、教學、研究或其他正當目的之必要，在合理範圍內，得引用已公開發表之著作。」為了寫作論文，可以引用之前學者的研究成果或看法，或評論前人的看法。根據此條，學生可以在合理的範圍內，「引用」他人已公開發表之著作。這裡講的引用，包括較短篇幅的原文引用。若是有較多的篇幅，則應該進行改寫，然後引註出處。

(1) 引述原文並標示出處

論文的寫作，若需要引用學者或文獻上的「原文」，可以使用「上下引號」或清楚呈現「這是原文」的方式，並引註出處，而引用他人著作。

在某些社會科學的論文寫作要求上，明白規定，若引用字數

在 40 個字以內，可以在原段落使用上下引號，在段落中引用。但若引述超過 40 個字，應該要獨立一段，前後縮排的方式，獨立引用。

不過，也有的學術領域，例如法律學界，對引用的方式不那麼要求。因為法律的論述，往往為了討論法院判決、學者見解，需要整段引述他人見解。故法律界的論文撰寫方式，並不會要求超過 40 個字就一定要獨立一段縮排引用，而可以在原段落中使用上下引號引用。

最重要的是，不管是在原段落中，還是獨立一段引用，前後都一定要加上引號，以表示引號中的內容並非自己所寫。

(2) 改寫他人論點

如果沒有用「引號引述原文」的方式來引述他人見解，就應該將他人見解改寫。比較常見的改寫方式，是將他人的見解用更白話的方式改寫，或者稍微濃縮他人論點的精華。例如 A 學者用兩頁的內容表達一個重要學說，但我們引述時，可以將其兩頁的內容改寫、濃縮為一頁，取其邏輯的重點。或者 B 法官論證一段法律見解並將事實套用到其法律見解中，我們引述時，也可將法院的見解取其邏輯的精要，至於事實部分也可以簡化。

所以，如果不用前面講的「引號引述原文」的方式，務必記得要將他人論述加以改寫。

(3) 剪貼多少字構成論文抄襲？

到底剪貼他人多少字，算構成論文抄襲？老實說沒有標準答案。

一般國際上就英文論文，認為一個句子裡面有連續 7 個詞一樣，就有抄襲疑慮。有一則新聞提到，美國哈佛大學憲法學者 Laurence Tribe，在 20 多年前一本書中被發現有 19 個字抄襲，就被認定違反學術倫理，而公開道歉。

1 個英文詞，對應到中文，可能是 1.5 到 2 個中文字。目前我沒有看到任何一個正式文獻中指出，到底要連續多少個中文字一樣會被認為構成抄襲。有時會看到各種說法，包括連續 13 個中文字、14 個中文字、15 個中文字、16 中文字這幾種說法。

倘若英文連續 7 個詞，那麼對應於中文，大約連續 13 個中文字一樣，就有抄襲疑慮。事實上，中國大陸確實有中文抄襲比對軟體，是以一個句子中有連續 13 個字一樣作為有抄襲疑慮的標準。

當然，如果中文論文連續 13 個字一樣，就構成抄襲，那麼幾乎所有學生的碩士論文都會構成抄襲了。因為學生往往會大量簡貼網路上他人文章的段落。因此，前面講的連續 13 個字一樣，只是有「抄襲疑慮」，但並不會馬上構成抄襲。

其還要輔以一個判斷，就是這篇文章中有多少比率，出現這種「連續 13 個字一樣」的情形。倘若整篇文章只有一段，或者有零星的五、六段，有出現這種「連續 13 個字一樣」的情形，還不算構成抄襲。

首先，別忘了要將有使用「引號引述原文」的句子或段落扣除。扣除掉這些原文引用的段落或句子，若還有「連續 13 個字一樣」的情形，則可參考在整篇文章中出現的比率。

(4) 整篇論文出現多少段抄襲

倘若全文有 15% 的段落有「剪貼超過 13 個字」的情形，應該就可以認定有抄襲。例如一頁 5 段，一篇期刊論文 20 頁，約有 100 段。倘若有 15 段有這種情形，就已經屬於嚴重抄襲。

上述講的 15%，並非有公定的行情。我在不同的討論抄襲的說明中有看到，會輔以不同的門檻。有的抄襲軟體設定，被你抄襲的文章（A 論文），若在你的論文中全文超過 5%，就會被認定抄襲。有的老師則是認為在軟體比對後發現全文有 10% 以上文字與他人文章（A、B、C 論文多篇加總）重複，可作為判斷有抄襲疑慮的門檻。

由於學位論文是一種學生時代的寫作練習，對於抄襲的容忍度也許可以寬鬆一點。大約於 2017 年到 2019 年間，在教育部要求下，國內各大學研究所都對畢業論文，要求口試前要先送論文比對系統進行比對，並自行規定「原創性比對」或「相似度比對」的容許百分比。許多人文與社會科學研究系所，大多訂為 30%。但也有系所較嚴格，例如中山大學全校要求 12%。

(5) 未適當引註

臺灣關於學術倫理的相關法規有很多，彼此規定地很複雜。

但整體而言，除了「抄襲」之外，還存在一個「未適當引註」的概念。例如，教育部《專科以上學校學術倫理案件處理原則》第3條提到：「（三）抄襲：援用他人之申請資料、研究資料或研究成果未註明出處。註明出處不當，情節重大者，以抄襲論。」

第3條在抄襲的定義中包括「註明出處不當，情節重大者，以抄襲論」。那麼反面來說，「註明出處不當、情節『不』重大者」，就不認定為抄襲，而可能只是「註明出處不當」。也就是「未適當引註」。

學生常見的未適當引註，就是連續剪貼了網路文章好幾段（例如4段），但只在最前一段或最後一段引了一個註腳。且註腳對網路資訊的說明也不清楚。看起來學生好像有引註，但「未適當引註」。

既然教育部讓各研究所自己訂定15%到30%的論文相似度比對門檻，這個門檻與抄襲、未適當引註的判斷是否連動？假設彼此有連動，表示只要整本論文的相似度低於30%，學校都可以說不論是未適當引註還是沒有引註，在「量」上情節不嚴重，通通都算是未適當引註。那麼，當學生論文被檢舉抄襲時，各校或許可以認為其情節輕微，不撤銷學生學位，允許學生修正論文，回去補註腳。

倘若該比率與「抄襲或未適當引註」沒有連結關係，則表示，儘管相似度比對低於30%，但當被指控抄襲時，仍然要逐段判斷，某一個相似的段落是否是抄襲還是未適當引註？如果未引註部分屬於論文核心、或足以誤導論文原創性，就是抄襲。

但若是如此，為何各校還需要自訂相似度比對門檻？當然其仍有一個意義，就是作為提醒研究生論文口試前要修改論文，或者提供給老師口試時參考是否要不通過口試。但並不表示，低於30％相似度門檻，就不會構成抄襲。

2. 學位論文一定要公開？公開發表權

很多學生論文寫的不好，東抄西抄，為了避免之後被他人檢舉抄襲，最簡單的方式，是希望畢業之後，論文「設定不公開」。但是，近年各界對學術倫理的關注，普遍認為碩士論文的素質參差不齊，而要求所有碩士論文都一定要公開，接受各界的檢驗。倘若論文一定要被強制公開，確實就更容易查到某某人的論文是否抄襲。但是，在著作權法上，我自己寫的論文有著作權，我一定要被迫公開？

公開發表權

一般所謂的著作權，是由一群小權利所構成，分成著作人格權與著作財產權。臺灣的著作人格權有三種，分別是公開發表權、姓名表示權、同一性保持權（禁止不當變更）。

姓名表示權就是他人利用我的著作，也應該放上我的名字，表示對我的尊重。同一性保持權是指，就算我授權給他人利用我的著作，他人也不應隨意修改我的著作，把我的文風、風格都亂改，改得都不像是我的作品。

而所謂公開發表，是指著作人可以決定何種方式，向公眾公開提示著作內容。著作人有權決定，何時作品算完成？完成了是否要發表？還是不想發表？他人不能強迫著作人發表著作。

推定碩士生同意公開發表論文？

學位論文是在老師指導下由學生寫作完成，由「學生自己」或「學生和老師」共同取得著作權（見第 8 講討論）。那麼，不是應該擁有公開發表權嗎？

在 1992 年修改著作權法時，新增了幾個「推定」著作權人同意公開發表的情形，包括「依學位授予法撰寫之碩士、博士論文，著作人已取得學位者。」所謂「推定」，就是著作權人沒意見時，「推定同意公開」。但著作權人明白表示反對時，就「推翻此推定」。亦即，著作權人可以明白表示：「我不同意公開」。

學位授予法允許不公開的正當理由

在學位授予法中，1994 年開始，要求碩博士論文都要送幾本到國家圖書館「保存」，但沒有說要公開。2018 年修正學位授予法第 16 條第 2 項，規定：「國家圖書館保存之博士、碩士論文、書面報告、技術報告或專業實務報告，應提供公眾於館內閱覽紙本，或透過獨立設備讀取電子資料檔；經依著作權法規定授權，得為重製、透過網路於館內或館外公開傳輸，或其他涉及著作權之行為。但涉及機密、專利事項或依法不得提供，並經學校認定者，得不予提供或於一定期間內不為提供。」

這一條的意思是，原則上國家圖書館保存的學位論文，應該要「提供公眾於館內閱覽紙本，或透過獨立設備讀取電子資料檔」。這裡講的只是將論文紙本限於在館內開放查詢。就算可以將論文紙本「提供」圖書館讓人在館內閱覽，仍規定若論文「涉及機密、專利事項或依法不得提供，並經學校認定者，得不予提供或於一定期間內不為提供。」也就是說，學生可以認為自己的論文寫太好，想要申請專利或投稿期刊，而選擇連在圖書館內都不開放讓人查閱。

論文紙本圖書館公開 v. 電子檔網路公開

	提供論文紙本在圖書館內公開	提供論文電子檔在線上供人查閱下載
著作權法	著作權法第 15 條第 2 項第 3 款：「依學位授予法撰寫之碩士、博士論文，著作人已取得學位者」推定同意公開。 但學生可以明確表示不同意公開。	
學位授予法	學位授予法第 16 條第 2 項規定：「國家圖書館保存之博士、碩士論文、書面報告、技術報告或專業實務報告，應提供公眾於館內閱覽紙本，或透過獨立設備讀取電子資料檔」 但學生可以主張論文「涉及機密、專利事項或依法不得提供，並經學校認定者，得不予提供或於一定期間內不為提供。」	學位授予法第 16 條第 2 項規定：「經依著作權法規定授權，得為重製、透過網路於館內或館外公開傳輸，或其他涉及著作權之行為。」 所以學校或國家圖書館必須取得學生的授權，才能在網路上公開電子檔。

但上述講的都是論文紙本是否要在圖書館內開放讓人查閱，並不是針對論文電子檔。論文電子檔是否一定要在網路上公開給大家下載？該條文中提到，「經依著作權法規定授權，得為重製、透過網路於館內或館外公開傳輸」。也就是說，要回歸著作權法的規定，必須得到著作權人「授權」，才能夠在「網路上將論文電子檔公開」。若著作權人不願意授權，則國家圖書館不得將論文電子檔在網路上開放。

學校取消學生的不公開權利

2020 年 7 月間，高雄市長補選參選人李眉蓁，被發現她2008 年在中山大學在職專班的碩士論文，竟然是「整本剪貼」2000 年臺北大學碩士生的另一本論文，內容高達 96％重複，引發軒然大波。

對於這起事件，中山大學表示，該校行政會議已通過修訂「中山大學學位論文管理辦法」。原本學生和老師可以選擇「永久不公開」等，但修改辦法後，所有紙本與電子論文取消「永久不公開」選項。

雖然有人認為，現在學生素質低落、學位論文內容抄襲問題嚴重，所以希望學位論文都公開供大眾檢視。但從著作權法的角度，學生確實可以明白表示不願意授權公開論文電子檔。至於紙本碩士論文，學生不想公開，則必須說明有「涉及機密、專利事項或依法不得提供，經學校認定者」，例如論文寫太好想要申請專利或投稿期刊，才可以「不提供館內閱覽」。

3. 老師幫政府寫的研究報告也抄襲？

2022 年底地方縣市長選舉期間，有人指控，桃園市長候選人張善政在宏碁公司任職時，替農委會執行研究計畫，而研究報告中使用了一些網路上的資料，被說是抄襲，或違反與農委會間的契約。到底替政府機關執行研究計畫撰寫報告，能否使用網路上的各種資料？

不管寫論文還是寫報告，包括政府研究案的報告，都應該避免抄襲。但寫論文和寫報告都允許「引用他人文獻」，並引註出處，不算抄襲。不過，對於抄襲的認定，會因為不同的科系領域，或者不同論文、報告的性質，而有不同的認定。

對於政府委託的研究案，到底允許何種程度的「引用原文」，會因為不同研究案的性質與目的，而有不同的容許程度。

第一種情況，如果研究案是希望你做出研究去外面發表論文（例如國科會計畫）。我們就應該以學術論文的規格，來撰寫研究計畫案的成果。因為，大部分嚴謹的期刊論文，都不允許「原文使用他人的句子」。若要引用他人的資訊或觀點，文字應該要經過「改寫」，避免「原句照抄」。若真有必要使用「原句」，也必須以特別的「引用方式」，讓讀者知道那是「原句」。

第二種情況，如果研究案是希望你替政府撰寫一些公開的宣傳資訊，將來研究案的成果也打算公開在網路上讓外界參考（例如某些教育部的委託案）。既然這些研究成果打算在網路上公開給外界，大量傳播，至少要做到符合著作權法的要求。

不同論文、報告的引用合理範圍

	性質或目的	容許的引用方式
情況一	鼓勵學術論文發表	1. 引用他人的資訊或觀點，文字應該要經過「改寫」，避免「原句照抄」。 2. 有必要使用「原句」時，必須以特別的方式讓讀者知道那是「原句」。
情況二	研究報告在網路上公開讓外界參考	1. 可適當的引用他人的「原始文句」。 2. 仍要引註出處 3. 整體的引用比例應該有限。
情況三	政府內部施政參考	1. 可較大範圍的「重製」他人著作（可使用較多原始段落） 2. 仍要引註出處

　　著作權法第 52 條規定：「為報導、評論、教學、研究或其他正當目的之必要，在合理範圍內，得引用已公開發表之著作。」雖然不用像寫論文這麼嚴謹全部句子都「改寫」，而可適當的引用他人的「原始文句」。但仍要完整引註出處（著作權法第 64條），整體的引用比例也應該有限。

　　第三種情況，如果研究案是希望替政府蒐集各項資訊，做為內部施政參考。著作權法第 44 條規定：「中央或地方機關，因立法或行政目的所需，認有必要將他人著作列為內部參考資料時，在合理範圍內，得重製他人之著作。」此條與第 52 條不同，第 52 條是說「引用」，第 44 條是說「重製」。也就是說，為了行政目的所需，可以較大範圍的「重製」他人著作，也就是可以

使用他人原始文章的多個部分。但是，縱使允許較大範圍的使用他人著作，仍應要引註出處（第64條）。

近年因為強調政府資訊公開，各政府機關希望盡量將各種委託研究計畫的報告都公開在「政府研究資訊系統」網站。明明原本是第三種情況的「內部施政參考的研究案」，也被要求放到網站上公開。既然會在網路上公開，而不只是內部參考，就被提升到第二種情況。對引用他人文章的要求，應該更加小心。「引用原始文句」的比例要下降，也應盡量做到逐段引註出處。

若回到首段提到的張善政替農委會作研究計畫的案例。當時的計畫主要是幫忙農委會蒐集各種導入農業資訊科技的作法，屬於蒐集各種資訊供內部施政參考的計畫。根據著作權法第44條，合理使用範圍的空間比較大。其實應該不會有抄襲或違反契約的問題。只是如上所述，這些內部參考資料的報告都被要求公開，並用一般學術研究的引註格式來檢驗，才會過度放大改寫不夠或引註不詳實的問題。

4. 自我抄襲、學術倫理與著作權

2022年底的地方縣市長選舉，許多政治人物的學位論文都被拿出來用放大鏡檢視。其中一個案件是，新竹市長候選人高虹安在取得博士學位前曾發表了二篇研討會論文，後來將這二篇研討會論文的部分內容放入自己的博士論文中，而引起抄襲與侵害著作權的爭議。

自我抄襲為什麼會有學術倫理問題？

近年來學術界努力提倡宣導學術倫理的概念，大家才漸漸發現，除了抄襲他人著作，也有另一個概念叫做「自我抄襲」，會違反學術倫理。

學術倫理不希望自我抄襲的原因主要有兩點：

⑴ 作者如果重複使用自己過去發表過的著作，而多次獲取資源、分數、升遷等，這樣評分並不公平。

⑵ 對出版社來講也不公平。出版社希望所出版的專書、期刊論文，都是原創性的，而不希望作者拿之前其他地方發表過的東西，重複出版。

博士生自我抄襲的狀況

針對第 1 點「重複使用獲得升遷」這個角度來看，博士生通常不會有自我抄襲的學術倫理問題。因為，博士生是先將部分研究內容發表於研討會或期刊，然後再整理放到博士論文中，但博

博士生自我使用自己論文的情況

	博士研究生	博士、取得助理教授
先	先在研討會、期刊發表論文	先用博士論文取得助理教授資格
後	然後改寫彙整到博士論文中	再將博士論文章節投稿期刊，並用期刊論文申請升等副教授
結論	沒有自我抄襲問題	有自我抄襲問題

士生並沒有因而得到兩個學位。

相對地，如果是一個博士畢業生 A，先用了整本博士論文取得博士學位，且取得助理教授資格。但是博士論文並沒有對外公開，外界也沒辦法輕易取得博士論文全文了解裡面到底寫了甚麼。之後，A 助理教授又將博士論文的部分章節拿去投稿期刊論文，例如投稿上 2 篇期刊論文，然後再用這些期刊論文整理後申請升等副教授。

這時就會有自我抄襲的問題。因為，這一本博士論文在 A 取得助理教授資格時已經使用過了，之後 A 助理教授應該要寫新的論文，才能展現其有持續的研究能力。如果用同樣的論文投稿期刊又用來升等副教授，就是明顯地一魚二吃。我講的 A 助理教授，在學術界有許多真實案例，最有名的是臺大社會系的李明璁，就是因為這個原因，無法在臺大升等副教授。

不過，這個自我抄襲／不能用重複的論文拿來升等兩次的觀念，也是近年來才有個觀念。若是在三十年前，則沒有這個觀念。一些國外畢業的博士，回臺灣後先用外文的博士論文直接取得副教授資格（當時沒有助理教授這一個等級）。然後再把外文博士論文的部分章節翻譯成中文，投稿中文期刊，然後用這些中文期刊再升等到正教授。例如蔡英文總統的副教授、正教授，就是這樣子依序取得。當然現在已經不再允許出現這種情況。

教師自我抄襲重複出版的狀況

自我抄襲除了與學位論文重複使用的關係之外，還有涉及出

版社的著作權政策問題。

自我抄襲涉及一篇文章重覆投稿使用，涉及了前後二個出版社。一方面，前一個 A 出版社，可能在接受論文刊登時，有與投稿作者簽署著作權授權或轉讓契約。例如，如果之前投稿期刊論文時，與 A 出版社的授權契約寫明，該論文著作權「轉讓」或「專屬授權」給該 A 出版社，作者自己不能再於其他學術刊物上重複發表。那麼，作者重複投稿到 B 出版社時，會侵害 A 出版社的著作權，或違反契約約定。

二方面，後一個期刊或書籍的 B 出版社的著作權政策可能有明確寫到，不接受論文的重複投稿出版，希望所有投稿期刊或投稿書籍都是全新的著作。因為若是重複的著作，B 出版社花錢重複出版，但閱讀的人數會減少，造成 B 出版社的損失。所以，如果出版社明確說明不接受重覆投稿，作者的重覆投稿，其實違反的不是著作權法，違反的是 B 出版社的政策。

不過，社會科學有一個獨特的問題，就是發表語言的問題。一篇著作曾經用中文發表，再用英文發表，算不算自我抄襲重複發表？根據國科會的研究人員學術倫理規範第 7 點規定：「(2)同一研究成果以不同語文發表，依領域特性或可解釋為針對不同讀者群而寫，但後發表之論文應註明前文。如未註明前文，且均列於著作目錄，即顯易誤導為兩篇獨立之研究成果，使研究成果重複計算，應予避免，但此應屬學術自律範圍。」這一點的意思是說，社會科學用不同語文重複發表，不算是自我抄襲，只要求後發表論文要註明前文。

但如前面所述，若是先用外文的博士論文取得助理教授資格，再用博士論文章節改寫成中文投稿期刊論文。要拿來投稿期刊論文，原則上不會有問題，不會被認為是重覆投稿。不過，在計算升等點數時，卻可能認為有重複計算問題。倘若將博士論文章節改寫成中文投稿期刊，又拿這些中文期刊論文升等副教授，這時涉及升遷上的重覆計算，是不被允許的。

大學與研究機構通常不會爭奪研究者的著作權

　　自我抄襲會不會同時侵害著作權呢？由於自我抄襲是作者將之前自己寫的東西重複使用，只要著作權在作者自己手上，自我抄襲並不會有著作權的問題。但是，如果著作權在其他單位手上，則自己重複利用，可能會侵害其他單位的著作權。例如，如果作者原本任職於某公司，所撰寫的文章著作權歸屬於公司。那麼，作者之後要另外自行使用，也可能侵害公司的著作權。

　　回到首段提到的，大家關注的高虹安的新聞案例。高虹安市長原來任職於前公司（資策會）時，先發表了研討會論文，屬於在職務上所完成的著作，若照著作權法第 11 條的規定屬於職務著作，著作權歸屬於前公司。後來高虹安將部分內容放到自己的博士論文中，確實使用了前公司的著作權。

　　但是，是否真的構成侵權，還要看：①該公司是否曾明示、默示員工可將自己撰寫的文章以其他學術方式發表？②該員工也可以主張合理使用，主張自己使用於博士論文，對原公司沒有什麼利益影響。

個人認為，一般大學和研究機構，在內部政策上，只會要求研究所取得的專利相關權利，要歸屬於研究機構，員工不能以自己的名義去申請專利（見本書第 13 講）。但是針對著作權的部分，通常研究機構都不會與員工爭執著作權的歸屬，反而鼓勵員工將研究成果改寫後投稿外面的期刊論文。因此，在大學裡面，大學不會跟教授主張，說教授承接研究計畫寫的東西的著作權歸屬於大學，投稿要得到大學同意。同理，在許多研究機構，包括資策會，應該也不會有任何內規，說員工不得將所參與研究計畫的部份成果修改後拿去投稿，或者投稿前要得到研究機構的同意。

論文抄襲的責任：撤銷學位還要判刑？

　　從 2020 年高雄市長補選，到 2022 年底地方縣市長選舉，政治人物的碩士論文涉及抄襲或其他學術倫理問題，都被拿出來作為選舉攻擊的工具。政治候選人是為了讓學經歷好看，才去混個碩士學位，但論文可能沒有認真寫。本講要以 2022 年底全國最關注的一起論文抄襲風波，說明若碩士論文抄襲被檢舉，在學校行政上會進行學術倫理調查，最嚴重會撤銷學位。而在著作權法上，竟然還有刑事責任，可能會面臨刑事責任告訴。

1. 論文被指控抄襲，會被撤銷碩士學位？

學位論文抄襲將被撤銷學位

　　學位授予法第 17 條規定：「學校授予之學位，有下列情事之一者，應予撤銷，並公告註銷其已頒給之學位證書；有違反其他法令規定者，並依相關法令規定處理：……二、論文、作品、成就證明、書面報告、技術報告或專業實務報告有造假、變造、抄襲、由他人代寫或其他舞弊情事。」

　　雖然學生努力剪剪貼貼東抄西抄寫了學位論文，好不容易混畢業了，但在論文資訊網路上都查得到的情況下，畢業後可能會被他人檢舉論文抄襲。而其嚴重的結果，就是撤銷學位。

2022 年底選舉期間，桃園市長候選人林智堅的論文抄襲議題被拿出來攻擊。林智堅有二本碩士論文，一本是臺大國發所的碩士論文，這本論文被指控抄襲另一名學弟的碩士論文。後來經過臺大的論文抄襲調查後，認定這本論文確實抄襲了學弟的論文，故撤銷了林智堅的碩士學位。

學校的學術倫理調查

當畢業後被他人檢舉學位論文涉嫌抄襲或其他事件，學校會組成學術倫理調查小組進行調查。通常若涉及抄襲，都是檢舉人已經初步做了客觀的論文比對，從客觀上來看，二本論文確實有部分段落一樣。故從這些初步證據來看，確實有可能抄襲。

但問題是誰抄誰的？是 A 抄 B？還是 B 抄 A？還是 A 和 B 其實都是抄 C 的？這部分還要進行調查才可以釐清。所以，各校學術倫理調查小組，會給被檢舉人說明的機會。而被檢舉人若想要捍衛自己的清白，要能夠提出證據，說明自己沒有抄別人的著作。

對於林智堅的臺大論文事件，臺大學術倫理審定委員會曾三次邀請林智堅與指導教授陳明通教授到場陳述意見，但林與陳均不願前往，僅提供書面說明。等到臺大公布審查結論與說明審查經過後，林卻表示對結果不服，質疑：一、社科院蘇院長作為召集人不迴避，二、林願意另外約時間到委員會前說明，不應剝奪他的當場陳述權，三、委員會不採信其說詞與證據。

從此案中林不配合調查與事後質疑，可讓我們思考，到底各

大學的學術倫理調查與審查程序，能做到多少，又有哪些侷限。

　　一、就迴避部分，需遵守行政程序法和「專科以上學校學術倫理案件處理原則」之基本要求。不過，林主張召集人有所謂「有具體事證足認其執行職務有偏頗之虞者」，屬於過度解讀。除非委員與當事人曾經有具體的衝突摩擦或利益往來，不能僅因為某老師有某政治偏向或曾有某發言，就認為須利益迴避。

　　二、就到場陳述意見部分。「專科以上學校學術倫理案件處理原則」並沒有要求一定要讓被檢舉人到場陳述意見或書面說明。但因涉及當事人的學位剝奪，行政程序法要求「應給予當事人陳述意見之機會」；各校法規也規定：「通知被檢舉人提出說明或到場陳述意見」。

　　此不但是當事人的一項程序權，也是當事人配合調查的協力義務。我們需有一個基本理解，學術倫理個案的調查與審定委員會，並不像檢察官，無權傳喚證人，無權搜索當事人的研究處所、電腦、電子信箱，更無權扣押當事人的電腦、資料。倘若涉案當事人涉及多人，要進行串供，學術倫理委員會也沒法避免當事人串供。因此，在學術倫理案件調查上，當事人應有配合調查的協力義務。

學術倫理調查是否一定要讓當事人當面口頭說明？

　　我個人擔任各校學術倫理案件委員的經驗是，若涉及抄襲爭議，可以客觀上進行論文比對，當事人的說法僅供參考，未必要請當事人當場陳述意見，可僅請其提出書面說明回答指控問題。

尤其，委員希望保密自己身分，免受當事人騷擾，故有時會採用讓當事人提出書面說明的方式。

相對地，較難判定的案件，多涉及論文研究寫作過程的爭議案件，最典型的就是「論文掛名」爭議。倘若此種事件是由外界第三人檢舉，多位論文作者彼此間沒有鬧翻、甚至可能進行串供。此時從當事人提供的書面說明中，很難還原事件真相。

如此就有必要請當事人到場陳述意見，並進行現場詢問，嘗試從問答中釐清真相；委員並可從當事人的現場回答中，判斷當事人的回答是否有所閃躲。但實際上，委員又希望保密身分免受當事人騷擾報復，故臺大採取音訊現場詢答，避免揭露委員身分，是一折衷方法。

林智堅的臺大論文案，因當事人爭執二本論文的研究時間重疊，資料共享，且部分論文段落可能透過陳明通教授彼此分享，故涉及「實際研究寫作過程」的各說各話。而委員會三度邀請林、陳到場陳述意見，但林放棄陳述意見自我辯白之機會，改以書面陳述意見。

林選擇以書面說明替代到場陳述，一可能是認為以書面回答即已足夠，二可能是不願意面對委員詢問，只願意以書面說明他想回答的部分。既然林之前選擇以書面說明取代到場陳述意見，放棄自己的權益，則不應事後再指控委員會剝奪其到場陳述權。

三、就證據認定部分，臺大學倫案件委員會並沒有採信林、陳的書面說詞，而以客觀證據，認定誰抄襲誰。

如前所述，學倫倫理委員會的調查權力本就有限，相對於最

清楚真相的當事人，學術倫理委員會處於資訊不對稱之地位。就這類案件，當事人有配合調查的協力義務。倘若當事人不願意配合調查，委員會在有限資訊下，則可根據經驗法則與論理法則，為適當的事實認定。

由於林、陳不願到場陳述意見並回答詢問，僅願意提出書面說明，相對地，認為被抄襲的余生到場並詳細回答研究寫作過程。當雙方說詞矛盾時，委員們最後必須依照經驗法則，也就是依照其在學術研究寫作上之經驗法則，認定何人說法為真，而非隨意輕信任一當事人之書面說詞。

從這個案例可知，若哪一天我們被檢舉論文抄襲或有學術倫理爭議，也應該積極配合調查，積極出席或以書面陳述自己的主張與理由，爭取自己的權益。而不應該放棄自己的權益之後，才來事後喊冤。

2. 論文抄襲有刑事責任？

林智堅的臺大碩士論文抄襲議題，最後被臺灣大學撤銷其學位。這是一般學位論文抄襲的通常結果。本以為，這起事件應該會隨著 2022 年的選舉結束而結束；但選後，余姓學弟對林智堅的抄襲論文行為，提出了刑事告訴，要追究刑事責任。大家才驚覺論文抄襲的嚴重性，不只是論文被撤銷，還要負刑事責任，還可能坐牢？

侵害著作權的刑事責任

侵害行為	要件	刑罰
侵害重製權	非營利	處三年以下有期徒刑、拘役，或科或併科新臺幣七十五萬元以下罰金
	營利（意圖銷售或出租）	六月以上五年以下有期徒刑，得併科新臺幣二十萬元以上二百萬元以下罰金。
侵害其他著作財產權（公開口述、公開播送、公開上映、公開演出、公開傳輸、公開展示、改作、編輯、出租）	未區分	處三年以下有期徒刑、拘役，或科或併科新臺幣七十五萬元以下罰金。

臺灣著作權刑事責任太寬鬆

臺灣的著作權刑事責任要件非常寬鬆。單純的下載（重製）和分享（公開傳輸），沒有數量上的限制，都可能面臨三年以下有期徒刑。

以各種方式重製他人著作，會侵害重製權。侵害重製權，沒有任何數量或規模上的要件，就可處三年以下有期徒刑，或科或併科 75 萬元以下罰金。若是「意圖銷售或出租」而進行重製，則加重為六月以上、五年以下有期徒刑，得併科 20 萬元以上、200 萬以下罰金。

在網路上公開侵權著作，會侵害公開傳輸權。侵害網路公開傳輸權時，也沒有任何數量或規模上的要件，可處三年以下有期徒刑，或併科 75 萬元以下罰金。

學生論文抄襲他人的著作，若論文放到學校或國家圖書館公開，會侵害公開傳輸權。縱使學生自知論文有抄襲問題，沒有在網路上開放下載論文電子檔，但只要圖書館放了一本畢業論文，就留下了重製的證據。而因為著作權法的刑事責任沒有數量的限制，只要有一本，就有三年以下有期徒刑。

這看起來非常不合理。林智堅的論文雖然抄襲，但選擇不公開，一般人根本難以取得。既然不公開，沒有侵害公開傳輸權。但圖書館放了兩三本，還是會侵害重製權。重點是，儘管只有兩三本的侵權，一樣有刑事責任。不過，表面上雖然有刑事責任，法院不可能只為了兩三本論文的重製就判太重的有期徒刑。最後法院可能是判緩刑或易科罰金，在訴訟過程中，還是會讓人身心俱疲。

我認為抄襲論文居然要負刑事責任，其實是臺灣著作權法的錯誤規定。臺灣是世界貿易組織（WTO）的會員國，WTO 下與貿易有關智慧財產權協定（TRIPS）第 61 條規定，僅要求對蓄意（willful）和具有商業規模（on a commercial scale）的侵權者才課予刑事責任。一個人碩士論文有抄襲情事，並沒有大量散布，在其他國家只會被撤銷學位，不會有刑事責任。

但在臺灣，因為著作權法刑事責任要件比其他國家寬鬆許多，導致抄襲論文也有刑事責任。對如此寬鬆的刑事責任，我並

不認同。但不管如何,法律就是法律,同學們務必要小心,論文絕對要避免抄襲。

3. 碩士生參與研究計畫不能放到自己論文中?

　　林智堅有二本碩士論文。另一本論文是中華大學的碩士論文,而該本論文被發現與竹科管理局委託其指導教授的研究計畫的研究報告 87.8% 一樣。因而這另一本論文出現了另一種爭議,那就是立委指控,林智堅是抄襲了政府機關的著作權,拿政府機關的研究報告當自己的碩士論文。

　　林智堅對這個指控提出以下三點反駁。一、他有參與研究(負責問卷發放及回收,還有資料分析),且二、在研究計畫結案前,就先在研討會上發表論文,所以他先有著作權;三、在研究案期末報告修正時同步進行碩士論文口試。

　　第一點,林智堅說有參與研究。不過,有參與研究不代表研究團隊集體寫的研究報告,可以讓研究生拿去當成自己的碩士論文。這已經構成了「剽竊」,也就是抄襲的另一個中譯。到底林智堅在計畫中參與度有多少,而敢將整本報告當成自己碩論?同一個研究計畫中,很多內容是其他老師或參與者撰寫的,就算林智堅有參與撰寫,可能只撰寫了一小部分。如果只撰寫一小部分,不可以把老師和其他人寫的部分當成自己的論文。

　　這起案件中,就涉及學術倫理的這部分爭議,後來經過中華大學學術倫理調查審議,認定林智堅抄襲,撤銷林智堅碩士

學位。

至於林智堅抗辯的第二點及第三點，不涉及學術倫理，而是涉及著作權的問題。

一般政府委託研究計畫，就研究計畫期間可否自行發表？大致上有二種方式。科技部、教育部本來就是鼓勵大學老師多發表，雖然政府出錢，但研究成果卻下放給學校老師，讓教授自己去投稿期刊、學校去申請專利。且科技部、教育部允許在計畫執行期間就提早發表。

若是其他政府機關，契約書一般會明文禁止研究期間自行公開發表，例如寫：「未經甲方書面同意，乙方不得將與計畫內容或成果有關之文件資料直接或間接使第三人知悉，亦不得將其內容或成果對外公開。」而研究完成後，一般也會約定著作財產權歸屬或轉讓給委託機關。

不過，教授一般不懂法律，也不會認真看契約書。但教授們仍然有接案的基本常識。亦即，除了科技部、教育部計畫，或者委託機關「同意」在計畫執行期間就事先發表，一般很少研究者會在期末報告審查都沒有通過前，就自行發表，甚至將整本報告讓同學當碩論口試。

回到林智堅的中華大學碩士論文。二位教授承接竹科管理局委託研究案，委託契約約定「禁止自行發表」且「著作財產權全部讓與委託機關」。二個主持教授就算沒看契約書，竟然沒有接案常識，膽敢在期末報告審查前就在研討會上公開發表，且讓學生作為碩論？還是，當初這個研究案，委託機關與接案教授有私

下默契，是為了讓某研究生畢業，量身訂作一個案子給教授做，讓教授賺點研究案的點數和主持費，順便幫學生寫碩士論文？

最後第三點，就「著作權轉讓給竹科管理局」，林智堅主張，他沒有侵害竹科管理局的著作權，因為是他先發表論文，先有著作權，然後在他完成論文之後才將著作權轉讓給竹科管理局。但是，這似乎與事實不符。在該案中，竹科管理局的期末報告審查，並非 2008 年 6 月 26 日。其是在 6 月 26 日之前審查，才會在 6 月 26 日發公文要求計畫團隊修正。至於林的口試雖在 6 月 26 日，按照正常情況，口試完還是需要修改論文，所以林的碩論封面才會將日期寫為 2008 年 8 月。因此，可以推定，林智堅的碩士論文是在 2008 年 8 月才完成。

因此，姑且不論「著作完成之時」如何認定，但最慢在 7 月 2 日研究計畫結案時，著作財產權已經讓與給竹科管理局。林智堅的碩論正式提交給學校畢業，寫的是 2008 年 8 月，是在著作財產權讓與之後。因此，林智堅的使用確實侵害了竹科管理局的著作權。

但最後須說明，許多大學教授會在其他機關的委託研究案「結束後」，將研究報告「部分內容」改寫投稿期刊。因著作權在委託機關手上，比較謹慎的教授，會在投稿前先徵求原委託機關的同意。但更多時候，大學教授不知道要徵求原委託機關同意，以為如科技部、教育部計畫一樣可自行利用。

不過，如果只是「將部分內容改寫投稿期刊」，委託機關一般不會在意，通常也不會追究。但是，在研究案結束、著作權轉

讓後，研究團隊竟有人「整本利用」（或接近整本利用）該報告，行政機關不可能容許這種情況發生。

第 **8** 講
學生告老師？誰才是論文的作者

　　近年來有越來越多的案例，是碩士生在畢業之後，控告指導教授侵害他碩士論文的著作權。這種案例的基本前提是，到底指導教授和被指導的碩士生，是否為共同作者？倘若他們是共同作者，碩士生就無法單方面控告教授侵權。但倘若法院認為碩士生就是這本碩士論文的唯一作者，他就有資格單方面地對指導教授提告侵權。

　　由於近年來越來越多這種案例，我們必須從學術倫理與著作權法的角度來討論，在何種情況下，指導教授和學生是共同作者。何種情況則不是。而我們也必須知道，當老師和學生不是共同作者時，不可隨意使用學生的論文。

1. 指導老師和學生是否為共同作者？

　　論文作者掛名問題，各學界有不同的潛規則。在理工、商管領域，老師和學生掛名論文很普遍，一篇文章通常有二個以上作者，導致出現亂掛名的問題。

　　而法律學界的風氣，老師必須自己寫作，不和學生掛名。因而出現了另一種問題，學生所寫的文章，老師奪為己用，不放學生的名字，不肯定學生的貢獻。

不同學科的作者認定標準不同

近年來，臺灣幾起引發關注的學術倫理弊案，大多涉及論文掛名問題。主要的問題，是屬於「受贈作者」（gift authorship），亦即被掛名的作者根本沒有實際貢獻，卻被掛名作者。例如，蔣偉寧事件中，蔣偉寧認為自己被陳震遠掛名作者並不知情；而楊泮池的論文案件，該文章掛了九個以上作者。學生的文章，除了掛老師的名，也給學長、學弟掛名，更離譜的，可能還要給老師的老師、其他老師、其他老師的學生掛名。

除了受贈作者現象之外，還有「幽靈作者」（ghost authorship），就是老師要學生犧牲這一篇，學生不放名字，讓老師當單一作者（single author）。另外，不只是學生的文章，連年輕老師的文章，都可能被要求掛名。例如，資深教授壓榨資淺教授，要求文章給資深教授掛名，或給資深教授不成材的學生掛名，或者送給資深教授一篇讓當他 single author……等亂象。

到底誰可以擔任論文的作者？不同學科有不同的看法。例如，在國科會的研究人員學術倫理規範第 9 點規定：「9. 共同作者列名原則及責任：共同作者應為對論文有相當程度的實質學術貢獻（如構思設計、數據收集及處理、數據分析及解釋、論文撰寫）始得列名。……惟共同作者列名應依其個案情形、領域特性及投稿期刊要求而有差異：……」因此，學界的基本概念是，不同學科對於作者的認定標準不同。醫學界可能普遍認為一篇文章有 10 個作者，而法律界可能普遍認為一篇文章只有 1 個作者。

著作權法如何認定作者？

從著作權法來看，如何認定誰才是論文的作者呢？老師指導學生寫論文，到底只有學生是作者？還是老師與學生是共同作者？

著作權法本身，並沒有條文直接規定，誰才是論文的作者。著作權法第 10 條規定：「著作人於著作完成時享有著作權。」但對何謂「完成」，沒有定義。另外，著作權法第 8 條規定：「二人以上共同完成之著作，其各人之創作，不能分離利用者，為共同著作。」也提到「共同完成」，但是怎樣才算共同完成，也沒有定義。

有法律學者提出一種看法認為，只有「寫論文的人」才是完成著作的人，至於指導教授只是提供指導，而沒有寫，所以不是「完成」著作的人。為什麼會有這個看法？來自於另一個條文。

著作權法第 10 條之 1：「依本法取得之著作權，其保護僅及於該著作之表達，而不及於其所表達之思想、程序、製程、系統、操作方法、概念、原理、發現。」法律學者因而說，只有參與寫作（具體表達）者，才是作者；提供思想、方法、概念、原理、發現者，不是著作權法上的作者。

例如，有A法律教授就根據上述條文認為，倘若教師之指導，僅及於思想、觀念之開導，難認為已達到具體表達程度時，則著作人應當為被指導的學生。B法律教授認為，觀念的指導很重要，但沒有參與執筆論文表達，就不能掛名共同作者。C法律教授認

為，學術界常見指導教授與受指導學生聯名發表論文，即便老師於學生論文寫作過程當中曾經提供觀念上之指導，但未於論文內容當中以一定之表現形式形諸於外時，由於著作權法僅保護著作之表達，不及於所表達之觀念，無法成為聯名發表論文之共同著作人。

法院認為只有撰寫者才是作者

上述法律學者的看法，也會影響到法官。目前法院認為，老師在課堂上講授觀念，為觀念指導，而若是學生自己撰寫，則只有學生才是著作人，老師並非著作人。這樣的見解，起因於中正大學法律系案。

在中正大學法律系案中，老師找國外判決，發給學生閱讀，課堂指導閱讀，並討論觀念，學生寫成報告，老師拿來作為自己計畫、論文使用。最高法院 99 年度台上字第 2109 號民事判決提出關鍵見解：「按學生在校期間，如果教師僅給予觀念之指導，而由學生自己搜集資料，以個人之意見，重新詮釋相同想法或觀念，而以文字表達其內容，撰寫研究報告，則學生為該報告之著作人，應受著作權法之保護，享有、行使著作權。」

上述法院的見解，緣起於法律系的案例，某程度反映了法律系對於論文作者的觀念。但是，後來智慧財產法院卻將此一源自法律學門的觀念，推展到其他學門。所以，到現在，其他科系的學生控告指導教授侵害他論文的著作權時，法院使用法律系的看法，認為論文的著作權人只有一個人，就是學生。

前面提到，在學術倫理的討論上，認為要尊重各個學科的不同習慣，每個學科認定作者的方式不同。但是回到著作權法上，則受到法律系自己習慣只有一個作者的想法。上面所提最高法院 99 年度台上字第 2109 號民事判決所創造的標準，認為只有寫論文的學生才是作者，指導教授不是作者，這其實是法律界的標準，結果最高法院、智財法院用到各個學門。如果真的推而廣之，所有的學生論文，老師都不是共同作者。這樣的結果真的對嗎？

參與創作與實質貢獻才是重點

我認為，著作權法第 8 條：「二人以上共同完成之著作，其各人之創作，不能分離利用者，為共同著作。」這一條講的「共同完成」才是重點。但是這一條並沒有說一定要親自撰寫、親自畫，才是「完成」著作。

另外，還可以參考著作權法第 40 條：「共同著作各著作人之應有部分，依共同著作人間之約定定之；無約定者，依各著作人參與創作之程度定之。各著作人參與創作之程度不明時，推定為均等。」其中提到「參與創作」。這裡沒有說參與創作一定是指「親自撰寫」，應該可以包括指導教授提供重要寶貴意見，與學生一起討論創作整本論文。

因此，指導教授提供重要的研究方向、概念、並提出許多修正意見，與學生成為「指導這篇論文創作」的緊密關係，應該有機會成立共同作者。也就是說，並不需要要求共同創作者都必須「親自撰寫」。

在提出上述認定共同著作的標準後，具體落實在師生合作論文上，應該就具體情境，提出更具參考性的指引。

指導教授在指導學位論文或畢業專題上，應可與學生成立共同著作關係，只要兩者對論文都有實質貢獻。由於在學位論文或畢業專題上，指導教授的指導，包括：選擇題目、選擇研究題材（文獻、研究對象、實驗對象）、選擇研究方法、調整論文架構、論文初稿文字修改……等。而且最重要的是，指導教授掌握了整本論文的最後控制權。因此，只要老師有實質貢獻，可為論文的共同作者。

當然，不認真的指導教授，或太厲害的研究生，老師根本沒有任何指導，對論文沒有實質貢獻，就不能成為共同作者。例如，某些研究生對論文主題其實很有想法，整個論文的進行都自己指導自己，包括：題目自己選、題材自己找（文獻、研究對象、實驗對象）、研究方法自己決定、論文架構自己來、文字修正自己來……等。在這種情況下，老師因對論文沒有實質貢獻，沒有資格掛名作者，也不能主張自己擁有著作權。

參考判決

(1) 智慧財產法院 98 年度民著上字第 8 號判決（**98.12.24**）

(2) 最高法院 99 年度台上字第 2109 號判決（**99.11.12**）

2. 拿課堂學生專題報告當成自己論文？

上面提到，學位論文的指導教授和被指導學生，形成緊密的關係，所完成的學位論文，應該可以算是教授和學生的共同著作。

但是，如果只是學生選修教授的一門課，在這門課寫了一份報告，該教授只是學生這門課的老師，但並非學生學位論文的指導教授。此時就有個問題，因為學生並沒有認定該課程老師是自己的指導教授，報告的寫作也並未在該老師的完全控制之下。

因此，倘若是一個專題課的心得報告或期末報告，雖然老師可能提供報告閱讀的素材，或在課堂報告中做過一次的討論，但後續的寫作，並沒有持續與學生進行討論，也無法控制學生的寫作內容，對於學生最終所交報告，也無法要求修改。因此，對此種課堂報告，老師與學生無法成立共同著作。

不過，倘若老師認為同學的課堂報告寫的不錯，願意進一步提供修改意見，與學生討論修改方向，學生也願意和老師合作修改，成為獨立可投稿之論文。此時，應可認為後續老師與學生進一步的討論修改，乃與學生進一步進行共同創作，應可成立共同著作。

課程教授拿同學報告做成簡報

一位成功大學政治系的教授，在「政治學方法論」這門大四的課程上，將學生分組後，指導學生做課程的專題報告，在課堂

上教學生如何用問卷研究法進行研究，並與學生討論決定選題，以及問卷的對象等。原來的報告中，設計了 64 組研究問卷問題。並由其中四位主要組員，撰寫分析報告。

不久後，教授在某飯店的小型座談會中，將該報告的內容做成簡報檔，在該座談會上發表。教授在該簡報中，使用了學生報告中的 14 組問題的原始數據及該問題之文字。且該簡報並沒有提及，該報告中的研究是由學生報告擷取而來。

四名辛苦撰寫報告的學生非常生氣，決定向大學教授提告。主張大學教授抄襲使用他們的報告，也另外提出學術倫理檢舉。

就學術倫理部分，將他人研究原始資料拿去公開發表，應該屬於典型的違反研究倫理問題。但成大學術倫理委員會認為：「系爭座談會屬『密』等級之閉門會議，非學術會議場合，且系爭簡報非屬學術成果；……」

非公開的座談會分享學術研究成果，縱使如成大學術倫理委員會認為，「不屬於學術成果」，但在學術倫理上，我們可以接受拿他人研究原始數據，未經他人同意，就去其他地方使用嗎？

而這有無違反著作權法？老師教學使用的簡報，是否可以剪貼他人著作資料，且不用引註？這裡必須提醒所有老師和上台演講者，我們習慣剪貼他人的資料以豐富自己的簡報，但因為簡報就是一種教材，而教材要重製他人公開發表之著作，也必須引用出處。

這個案件智財法院引用了著作權法第 52 條：「為報導、評論、教學、研究或其他正當目的之必要，在合理範圍內，得引用已公

開發表之著作。」認為該教授可以引用學生的報告內容到自己的簡報中。

但法院似乎沒有注意到學生報告是尚未公開發表的著作。本案中，學生的報告並沒有公開發表，應該有公開發表權。老師將學生還沒有公開發表的研究部份結果放到簡報內容，且沒有引註出處，其實不符合著作權法第 52 條的要件。

因此，必須提醒所有老師和同學，在製作簡報時，所有貼在簡報上的資料，至少都要引用出處；且若是他人資料，當然必須是他人公開之資料。若是他人的未公開的研究成果，則更應該取得他人同意才能在簡報上使用。

課程教授把學生報告拿去研討會發表論文

上面案例的這位教授，除了用學生的東西當成自己簡報內容之外，也將學生的東西修改一下，拿去研討會發表論文。不過，教授有先主動詢問該組同學，是否願意和老師一同作為共同作者，共同發表論文。4 名主要組員不同意，但有 2 名負責蒐集問卷的組員同意加入。

教授將這二名同學加入，作為共同作者，除使用了原始問卷數據和部分文字內容外，教授做了其他進一步的分析，將該報告改寫成論文，發表於其他學校舉辦的正式研討會上。

這篇論文中，使用了原學生報告問卷題目其中 21 組問題的原始數據及文字。不過，在論文初稿的首頁，有感謝其他 7 名組員，並記載「本文資料係由 107 年度第 2 學期成大政治系政治學

方法論（二）第三組同學課業指導蒐集」等文字。

就學術倫理部分，成大學術倫理委員會認為：「被告於進行系爭論文之研究前，有事先徵詢學生之參與意願，並將其中 2 位學生列為共同作者，也將未被列名為共同作者之其他學生於論文註腳中致謝，縱有註明出處不明確之部分，情節尚屬輕微，應認違反學術倫理行為不成立。」

老師使用學生著作算是合理使用？

但學生仍然到法院控告老師侵害著作權。一篇論文使用了另一篇報告的 7 頁內容，當然有侵害著作權。但智財法院使用了著作權法的合理使用分析，經過四因素的檢驗，認為可構成合理使用。

其實，合理使用有一個前提，就是只能對「已公開發表之著作」才能主張合理使用。這篇學生報告並不屬於公開發表，應該不能主張合理使用。縱使要構成合理使用，也必須引註出處。在論文中使用他人文章段落，應盡量使用逐段引註方式，而非在第一頁感謝被引用的作者。

法院在合理使用的分析上，討論四個因素。

首先第 1 因素，教授使用的目的與性質為何？法院認為，教授發表於研討會屬於非營利學術使用。

第 2 因素，被利用著作之性質為何？被利用的學生報告屬於研究報告。

第 3 因素，利用之質與量。法院認為使用學生報告的部分有 7 頁：「兩者相同或類似之文字論述，亦僅在系爭著作之『摘要』、『研究動機（前言）』、『文獻回顧』及『抽樣方法』部分，性質上屬該類論文常用之研究方法或架構，均非屬該著作之核心或主要部分」。而整篇論文達 47 頁，故法院認為「系爭論文使用系爭著作之文字敘述比例不高，應未達到實質相似之程度。」

其實，在使用的質量判斷上，不是看佔侵權作品（教授論文）的比例，而是看被侵權作品（學生報告）被用的質與量。一篇論文抄襲他人一段文字沒有引註，就可能構成學術倫理上的抄襲，但在著作權的侵權認定上，可主張微量使用抗辯。但用了 7 頁的多段落，已經超過了微量使用，在合理使用判斷上，很難說是「使用比例不高」。且有時論文的精華（質的部分），就在於問卷結果，將他人問卷結果拿去使用，也擷取了他人研究精華。

第 4 因素「對原著作之潛在市場與現在價值影響」，法院認為學生報告之後自己也可以改寫發表，不會受到老師論文發表的影響。實際上，論文的市場本來就很低，一旦有人先發表，後面就很難再發表。從這個因素來看，老師將該論文研究結果發表，等於完全剝奪學生另外發表的機會。

這個案件要提醒所有老師，若要將學生報告或論文改寫投稿，應該要得到學生同意，且將學生當成共同作者。若將學生報告或論文當成「被引用的他人著作」，則應該逐段引用。

3. 指導教授將學生論文改寫投稿研討會被判刑？

　　2023 年 9 月有一則新聞，臺中教育大學的教授，在自己指導碩士生 A 畢業之後，指派另一名學妹 B，將學姐 A 的碩士論文改寫投稿研討會，居然被 A 控告侵害著作權，還被臺中地方法院判決 4 個月有期徒刑，並被判賠償 10 萬。難道，老師不能將指導學生論文聯名投稿研討會？

　　該案中，指導教授在該碩士生（學姐 A）畢業後，將學姐 A 的碩士論文電子檔，傳給另一名研究生（學妹 B），指示她將 100 餘頁的論文濃縮寫為 10 頁左右，變成一篇適合研討會發表的論文，然後投稿研討會。

　　這名老師決定論文有三位作者，老師擔任第一作者，學姐 A 是第二作者，負責改寫的學妹 B 是第三作者。因時間緊迫，研討會報名表需要三位作者簽名，老師指示學妹 B 幫大家簽名（包括幫老師、學姐 A 簽名），然後投稿出去。等到投稿成功上傳論文後，老師才指示學妹 B 與學姐 A 聯繫，告知有投稿研討會，並討論作者排序。但學姐 A 對作者排序不同意，可能是認為自己應該擔任第一作者。在數次溝通下，學姐 A 還是不同意排序，最後

老師決定撤回投稿。故這篇改寫後的論文並沒有真的在研討會上發表。

　　既然沒有在研討會上真的發表，有侵害學姐 A 的著作權嗎？法官認為，本案中侵害著作權的行為包括，①老師將論文電子檔交給學妹 B，指示學妹 B 改寫，故侵害著作權的改作權。②老師將改寫後論文寄給研討會主辦單位，這個「寄送檔案」的侵害行為已經完成。法官並認為，雖然後來老師撤回研討會論文，但既然已經將改寫後論文電子檔寄出，「侵害已經完成」。

　　就這一點，我認為有問題。著作權的侵害，包括侵害重製權與改作權。但就算有重製或改作行為，著作權法也有合理使用規定。雖然我們將他人論文修改會侵害改作權，將論文電子檔寄給別人會侵害重製權。但合理使用規定中，例如第 51 條，不包括個人的非公開私下使用。

　　老師指示學妹 B 改寫學姐 A 論文，倘若沒有公開，可以當成一種論文寫作的練習。老師將論文投稿研討會並寄過去，倘若還沒有正式對外發表，也可以算是老師和研討會主辦單位的私下溝通聯繫。若只是從這樣的狀況來看，筆者認為應該不至於侵害著作權，或可以主張合理使用豁免。

　　法院真正認為被告教授違法的地方，是指示學妹 B 幫學姐 A 簽名，構成偽造文書罪。由於偽造文書罪的罪名是 5 年以下有期徒刑，而侵害著作權只有 3 年以下有期徒刑。法官雖然認為被告教授也違反著作權法，但偽造文書罪名較重，故主要判的是偽造文書罪。

我們從這個案例至少可以知道，教授要將所指導學生論文改寫投稿，老師和學生可以是共同作者，但應該得到學生同意，且不可以偽造學生簽名。

參考判決：

(1) 臺中地方法院 112 年度智訴字第 6 號刑事判決（112.8.29）
(2) 臺中地方法院 112 年度智附民字第 20 號刑事附帶民事訴訟判決（112.8.29）

第三篇

生成式 AI 篇

2022 年下半年，OpenAI 公司正式推出了轟動全球的生成式 AI「ChatGPT」，一時間，全球網路使用者都開始嘗試使用 ChatGPT，學術圈也紛紛探討 ChatGPT 對學術研究、論文寫作的破壞式衝擊。此外，圖像式的生成式 AI，包括 MidJourney 和 Stable Diffusion，也大約是在 2022 年下半年推出。

這些生成式 AI 的崛起與普遍應用，徹底改變了人們的創作方式。人們開始使用生成式 AI 協助創作作品。在論文寫作上，研究者會對 ChatGPT 問問題，請其幫忙找文獻。找好的文獻請 ChatGPT 作文獻整理。甚至，論文的部分初稿也請 ChatGPT 幫忙撰寫，然後研究者再進行修正。至於圖像的創作，很多人也對圖像式生成式 AI 下達一些提示詞，讓 AI 在這個簡單提示之下，天馬行空生成各種意想不到的作品。然後創作者再用這些生成的圖像進行修圖，完成創作。

利用生成式 AI 進行創作，對著作權法產生出一堆問題，尤其是衝擊了創作者與創作的本質。本篇探討最基本

的三個問題：1. 我用生成式 AI 進行創作，AI 是作者還是我是作者？2. 我是否要揭露AI在創作過程中提供的協助？3. 生成式 AI 開發者利用許多他人著作資料進行訓練，有沒有侵害他人著作權？

第9講
AI 是作者？還是我是作者？

用生成式 AI 協助創作後，使用 AI 的使用者能否成為著作權法上的作者，世界上各個國家的法院正在爭論中。

美國採取著作權登記制度，由美國國會的著作權局負責。而美國著作權局對這個問題的立場堅定，認為人類使用生成式 AI 協助創作，人類若只是下達提示詞或設定參數，並非作者，無法登記成為著作權人。其中一件被著作權局拒絕註冊的案件上訴到法院後，2023 年 8 月美國哥倫比亞特區地區法院也支持著作權局的立場。

反之，北京互聯網法院卻在 2023 年 11 月底作出判決，採取另一立場。法院指出，該案的作者辛苦做各種參數設定、下達提示詞，在生成式 AI 生成圖像後再進行選擇與調整。法院認為這樣的過程，體現了他的審美選擇與個性判斷，故具有獨創性。最後法院判決，人類對此種 AI 協助完成的創作，可以擔任作者，擁有著作權，還可以控告他人侵權。

1. 美國著作權局不同意登記 AI 為著作人

由英國的 Ryan Abbott 教授所領導的人工智慧發明人團隊，在 2018 年開始，宣稱由人工智慧 DABUS 自己完成的二項發明，

在全世界申請專利。同時，由於美國對著作權保留了登記制度，該團隊也宣稱由人工智慧完成的一幅平面美術著作，向美國著作權局申請著作權登記。2022 年 2 月 14 日，美國著作權局公布正式的審查決定，否定該團隊所申請的人工智慧美術創作。

AI 開發者替 DABUS 申請登記著作權

世界上大部分國家的著作權保護，都採取創作完成自動獲得保護。美國原則上也是如此，但若要控告他人侵權，則必須向美國著作權局完成登記。

2018 年 11 月 3 日，Thaler 先生向美國著作權局申請登記一

DABUS 生成的作品《最近進入天堂》（A Recent Entrance to Paradise）
(1) 資料來源：U.S. Copyright Review Board (2022).
(2) 説明：此圖沒有著作權

件美術著作之著作權。該作品名為《最近進入天堂》（A Recent Entrance to Paradise），而申請書上記載的作者為一「創意機器」（Creativity Machine）。Thaler 先生附上一權利轉讓聲明，上面只寫「擁有該機器」（ownership of the machine）。另外，Thaler 先生另外附了紙條，說明該作品為「該機器之電腦演算法所自動生成」，且他「希望登記該電腦生成著作（computer-generated work）為受雇完成著作（work-for-hire），給創意機器之所有人」。

美國著作權局駁回申請

2019 年 8 月 12 日，著作權局登記處之專家拒絕此一註冊，認為「本案缺少支持著作權主張所必要之人類作者」。

Thaler 先生於 9 月提出「第一次請求」，要求著作權局再次考慮，並主張「人類作者（human authorship）之要求不但違憲，且從法律和案例法都無法獲得支持」。但被著作權局駁回。

2020 年 5 月，專案團隊不氣餒，提出第二次請求，要求再次考慮。第二次請求與第一次請求的主張大致相同，主要是補充了公共政策之論點，認為著作權局「應該」登記機器生成之著作，因為這樣才會促進著作權法的基本目標，包括憲法保護著作權的理由。Thaler 主張，並沒有任何判決先例禁止給予「電腦生成著作」著作權，而且，著作權法在「受雇完成著作原則」（work made for hire doctrine）下，已經允許非人類實體作為作者。其也主張，著作權局目前所依據的判決先例，是用淘金時代無拘束力之司法判決，來回答電腦生成著作是否可受保護。

著作權局的著作權審查委員會於 2022 年 2 月 14 日公布其正式意見，結論仍然維持駁回此註冊登記案的決定。

　　首先，委員會先說明，其完全接受申請人所為的事實陳述說明。亦即，申請人所宣稱，此著作是由人工智慧自動自發完成，完全沒有任何人類行為者的創意貢獻。

著作權法要求的「作者創作」

　　委員會在意見書中，說明了美國著作權法中對作者創作的要求，也說明過去的重要案例，都要求一定要有人類作者，且必須有其創意的投入。

　　在法律上，根據著作權法第 102 條 (a)，著作權法所保護的標的，限於「作者創作之原始著作」（original works of authorship），固著於有形表達媒介上。美國國會有意地不去定義何謂「作者創作之原始著作」，並將法院所建立的原創性標準納入。

　　對於何謂「作者創作之原始著作」（original works of authorship），不論最高法院和各級法院，長期以來均認為，受著作權保護必須具有人類之作者創作。

　　最早的重要案件為最高法院 1884 年的 Burrow-Giles Lithographic Co. v. Sarony 案，被告主張照片不受著作權保護，因為並非人的創作。最高法院指出，所謂作者，就是事物源自於那個人（he to whom anything owes its origin）；可稱為原創者（originator）、製作者，只要其完成一科學或藝術之著作；而照

片確實是一作者的原始智慧構思之表現。在該判決中，法院稱作者為「人類」，包括稱著作權是一個人對自己的天才或智慧的專有權；或引用英國判決，認為作者就是讓照片產生的那個人，或創造概念或將概念實現於作品中的那個人。

2018 年猴子自拍案

下級法院的判決中，也都認為必須以人類身分創作。例如，在 2018 年著名的猴子自拍案（Naruto v. Slater (9th Cir. 2018)）中，第九巡迴法院認為，猴子不能登記其使用相機拍攝照片的著作權，因為著作權法其他條文提到著作人的「孩子」、「寡婦」、「孫子」、「鰥夫」，這些用語都暗示人性，必然排除動物。

2011 年的 Kelley v. Chicago Park Dist. 案中，法院拒絕「活的花園」主張著作權被侵害，因為所謂作者創作必然是人類的努力，且花園的形式和外觀都歸功於大自然。

美國地區法院判決

在解釋了上述法律上的要求與過去的重要判決先例，美國著作權審查委員會認為，既然申請者堅稱，DABUS 是生成這幅作品的唯一作者，但 DABUS 不是人類，就無法登記為著作人。其結果也導致，這幅作品無法取得著作權保護。

申請人 Thaler 先生不服，決定向美國哥倫比亞特區地區法院提起訴訟。法院於 2023 年 8 月 18 日作出判決，支持美國著作權局的決定。Beryl A. Howell 法官認為，DABUS 所生成的作品《最

近進入天堂》不符合著作權保護的條件，因為該作品缺乏「人類創作」。法院認為，根據現行著作權法，只有人類創作的作品才能獲得著作權保護。由於 DABUS 是完全自主生成的，沒有任何人類的創意參與，因此該作品無法獲得著作權保護。

　　美國著作權局的立場和法院的判決，強調了美國目前的立場，亦即著作權法只保護人類的創意。

參考資料

(1) 美國著作權局審查委員會（U.S. Copyright Review Board），Review Board Decision on A Recent Entrance to Paradise (Feb. 14, 2022).

(2) 哥倫比亞特區地區法院判決，Thaler v. Perlmutter, Case 1:22-cv-01564-BAH (D.D.C., Aug. 18, 2023).

2. 美國著作權局也不同意使用 AI 者登記為著作人

　　如果在現行法律下，不讓 AI 登記為著作人，是否可將操作 AI 的人登記為著作人？也就是說，使用者向美國著作權局申請時，用自己的名字登記為著作人。如果著作權局沒有發現，可能會同意登記。

美國誠實申報的義務

在美國，人民向官方申請填寫的任何資料，非常重視「誠實義務」。如果一作品是 AI 的生成作品，卻登記自己為著作人，這樣的行為是不誠實的行為，不值得鼓勵。前一案的 Thaler 先生就主張，如果不將 AI 登記為著作人，似乎鼓勵人民做不誠實的登記行為，違反美國所鼓勵的誠實申報的規定。

上述的 DABUS 案中，申請人 Thaler 先生認為應該要誠實說明，該幅創作《最近進入天堂》是由人工智慧 DABUS 所獨立完成，沒有任何人類介入。亦即，該團隊沒有說謊，沒有將 Thaler 先生申請登記為著作權人。美國著作權局認為，只有人類才能是作者，既然沒有人類介入該創作，故拒絕其註冊。

漫畫家 Kristina Kashtanova 利用 Midjourney 生成漫畫圖

2023 年 2 月，美國著作權局公布第二個案件意見。這一次，申請者是漫畫家 Kristina Kashtanova，其利用 Midjourney 給予其提示詞，讓 AI 生成出圖像後，漫畫家再挑選編排，完成短篇漫畫《黎明的薩利亞》（Zarya of the Dawn）。

漫畫家 Kashtanova 向美國著作權局申請登記，將這篇短篇漫畫登記著作權，並填寫自己是著作人。美國著作權局一般不會調查其創作過程，故沒有發現這些漫畫創作有 AI 的協助，就同意其登記。

但在取得登記之後，漫畫家 Kashtanova 竟在自己的社群網站

上公開說，這些漫畫中的圖其實是用生成式 AI 生成的。這樣的公開宣稱，似乎是在挑戰美國著作權局的權威，認為他們都沒有認真審查。

因而，美國著作權局對這個案件重啟調查，要求漫畫家 Kashtanova 說明，這個漫畫中到底哪些部分是她自己創作的，哪些部分是 AI 生成的。經過調查後，著作權局決定更改其登記結果。

美國著作權局認為，必須明確區分 AI 生成的部分，以及人類有創意投入的部分。人類給予提示詞，只是在和 AI 對話，AI 是憑自己的理解完成圖像創作，並非由人類控制。該案中，由於漫畫中大部分的各格圖案都是 AI 生成，人類只給予提示詞，不算是創作投入。故美國著作權局認為，這些各格圖案，大部分都不受著作權保護。

哪些部分可以受到保護呢？著作權局說，漫畫家 Kashtanova 自己想出來的劇情、台詞，以及漫畫每一格的編排，這些部分來自她的創意，可以受到保護。

也就是認為，Kashtanova 對文本和圖像的選擇、排列和編排具有創意，符合著作權保護的條件。另外，Kashtanova 主張，在 Midjourney 生成初稿之後，她有用修圖軟體進行修圖。著作權局認為，如果真的有修圖，且修圖的技法上有創意，就修圖的部分或許可以受到保護。但在個案中到底哪一格的圖有修圖，是否真的受到保護，還要個別判斷。

結果，著作權局取消了原先的登記，並重新發出只涵蓋由

Kashtanova 創作部分的登記證書。

美國著作權局的嚴格立場

這個案件所涉及的情況，很符合我們一般人的創作情境。現在許多人都會利用 AI 生成創作的初稿，再進行調整修改。也就是說，在創作過程中利用了生成式 AI 的協助。但人類仍然是最終的控制者，其可以選擇 AI 生成圖像、編排、修改，具有最終的決定權。在這種情形下，雖然初稿是生成式 AI 生成，但人類做了上述的選擇編排與修改後，還是不能宣稱自己是整個作品的著作人？

從這個案例可以看到美國著作權局採取的嚴格立場。一方面其認為，只有人類創作且有原創性的部分，才受到著作權保護。AI 完成之部分，都不是人類所創作。二方面，縱使人類是背後給予提示詞的操控者，美國著作權局認為不受保護。也就是說，美國著作權局認為，要將人類自己創意的部分，和 AI 生成的部分，明確切割。

參考資料

美國著作權局（U.S. Copyright Office）, Registration Decision on Zarya of the Dawn (Feb. 21, 2023).

3. 北京法院認為用 AI 創作可受著作權保護

前述美國的幾個案例，都是因為美國有特殊的著作權登記制度。因而個人拿著 AI 生成或 AI 輔助完成創作的著作，到著作權局登記，由著作權局回答，其到底受不受著作權保護。除了第一個案 DABUS 案是宣稱完全由 AI 生成之外，第二個以後的案件，是人類利用 AI 輔助創作。這種情況是現在的常態。但美國法院還沒有對這種情況作出判決。

有趣的是，中國大陸北京互聯網法院於 2023 年 11 月底，作出全球第一件判決，認為人類利用生成式 AI 生成的圖像，可由人類取得著作權。在此之前，並沒有任何人真的將 AI 生成的圖像，拿到法院告他人侵權。

在該案中，法院認為人類給予提示詞，利用 Stable Diffusion 軟體所生成的圖像，該人類可以擁有圖像著作權，並可控告他人侵害著作權。

李某利用 Stable Diffusion 完成之人物創作

中國大陸一名李某，於 2023 年 2 月 24 日利用生成式 AI「Stable Diffusion」，給予許多精確的提示詞，讓 AI 自動生成一幅美女圖像。其在小紅書平台上以《春風送來了溫柔》為文章名，發布一張圖片。

不久後，李某發現百家號平台上的某帳號「我是雲開日出」，在 2023 年 3 月 2 日張貼了一篇《三月的愛情，在桃花裡》的文章，

並使用了李某的圖片。而且劉某移除了李某在原始圖片上留的署名浮水印。

李某於 2023 年 5 月向北京互聯網法院提出侵害著作權的訴訟，要求劉某道歉、賠償 500 元並刪除該文章。8 月，法院以網路公開直播的方式，公開審理這起案件。並於 11 月底，作出判決，認為李某利用 AI 協助創作生成的圖像，李某擁有著作權。

法院指出：「原告對於人物及其呈現方式等畫面元素透過提示詞進行了設計，對於畫面佈局構圖等通過參數進行了設置，體現了原告的選擇和安排。另一方面，原告透過輸入提示詞、設置相關參數，獲得了第一張圖片後，其繼續增加提示詞、修改參數，不斷調整修正，最終獲得了涉案圖片，這一調整修正過程亦體現了原告的審美選擇和個性判斷。」

因此法院認為：「涉案圖片並非『機械性智力成果』。在無相反證據的情況下，可以認定涉案圖片由原告獨立完成，體現出了原告的個性化表達。綜上，涉案圖片具備『獨創性』要件。」

比較美國與中國大陸

不難發現，北京互聯網法院 2023 年作出的判決見解，採取了與美國截然不同的另一種立場。

大部分國家沒有著作權登記制度，例如臺灣。一般而言，任何人完成之創作，只要在整個著作中的部分存在最低程度之原創性，整個著作就會自動獲得保護。可是，就算整個著作自動獲得保護，我們仍不確定真正獲得保護的範圍到底在哪些部分。必須

創作完成自動保護的國家 v. 美國的著作登記制度

	其他國家	美國
是否要登記	創作完成自動獲得保護 此時作者自己認為整個著作都受到保護	創作完成獲得保護 未來要訴訟則要向著作權局登記 登記整個著作 著作權局認為，有原創性的部分才受保護
到法院訴訟	作者自己認為整個著作都受到保護 法院認為，有原創性的部分才受保護	著作權局已經先幫法院過濾哪些是有原創性的部分

真的發生侵權爭議，上了法院，法院才會告訴我們，我的創作中，真正受保護的是哪些具有「原創性」的部分。

相對地，美國因為採取著作權登記制度。且美國著作權局在好幾個 AI 創作登記案件中的態度是，其如同法院一般，要直接先判斷哪些部分有原創性、哪些部分沒有原創性。例如在前述美

國第二起案件漫畫《黎明的薩利亞》案中，著作權局在登記時就要區分作者有原創性的部分與沒有原創性的部分。

一般而言，在美國登記著作權的時候，著作權局不會這麼認真，不會先幫法院區分到底哪些部分有原創性、哪些部分沒有。只要著作中有部分原創性，整個著作就可以登記，不會特別確認哪些部分才受到保護。可是面對 AI 的輔助創作，美國著作權局似乎刻意強調，要在這個時候就先講清楚，到底哪些部分有原創性、哪些部分沒有，以避免未來產生爭議。

第二個不同在於，北京互聯網法院認為，作者做了各種設定、提示詞，花了很多時間，這些設定、提示，都算是作者創意的展現，具有原創性。但美國著作權局認為這些都不算是人類創意的展現，故不能受保護。

在北京互聯網法院的案例中，李某利用 Stable Diffusion 只有作「選擇」，自己並沒有做後續的修圖。而我們一般人利用生成式 AI 完成初稿後，還會自己修改。至少在修改過程中，我們人類也展現了創意的投入。但在北京法院判決中，李某沒有修改，只有設定與選擇，竟然也被認為具有創意。這個判決結果，對人類創意的形式，採取了一種非常寬鬆的標準。

臺灣要採取哪一模式？

從上述美國和北京的判決可以看到，美國採取非常嚴格的立場，認為人類用生成式 AI 輔助創作，AI 生成的部分都不受保護，人類必須真的有創意投入的部分，包括選擇編排修改，才受到保

護。相對地，北京法院採取非常寬鬆的立場，認為人類只要有設定 AI 與選擇 AI 生成的圖片，就具有創意，就可以對 AI 生成的圖像取得著作權。

那麼，臺灣應該選擇哪一條路呢？

目前為止，我只能說，也許大部份時候我們不會斤斤計較，或者，我們不會那麼誠實。大部分國家都採取創作完成自動獲得保護，包括臺灣。在臺灣，人類利用 AI 輔助創作，我不需要告訴別人哪些部分是 AI 輔助創作的、哪些是我自己創作的。因而，只要創作完成，我認為整個著作都受到保護。到法院打官司時，除非對方能發現我哪些部分是 AI 創作，要不然一般仍推定，整個著作就是我創作的。對方若要主張我的著作中有部分沒有原創性，只能比對過去的著作從客觀上判斷某些部分沒有原創性，但很難證明哪些部分是 AI 協助創作的而沒有原創性。

但是，我若不誠實，別人是否就不會發現我是用 AI 協助創作？倒也未必（請見第 10 講）。而且，AI 生成的文字圖像，也有可能侵害他人的著作權（請見第 11 講）。

參考判決

北京互聯網法院判決，（2023）京 0491 民初 11279 號

第10講
用生成式 AI 幫我寫報告

1. 老師一眼就看穿學生報告是 AI 寫的？

2022 年下半年 ChatGPT 推出後，生成式 AI 風起雲湧，學生們也開始大量使用 AI 作各種用途。作為大學老師，我這幾年看過許多學生繳交的報告、論文，都有明顯使用生成式 AI 撰寫的情況。甚至，看一些學生申請入學的資料，也可以察覺申請資料中的段落是 AI 寫的明顯跡象。

國中生、高中生的作業大多仍然使用手寫、手繪。不過，近年來高中生在申請大學入學的一些申請文件上，也出現使用 AI 生成的問題。相對地，大學生的各種作業、報告，大多是用電腦打字，繳交數位檔案，而不需要手寫、手繪，故大學生比起國中生、高中生，更容易使用生成式 AI 的生成內容，剪貼拼湊後，繳交作業或報告。甚至，研究生對正式的報告論文，包括專題論文、學位論文，都可能利用生成式 AI 幫忙生成大部分內容，再加一點自己的修改，當成論文繳交。

老師為何能夠判斷這報告是 AI 寫的？

大學老師在對作業、報告、論文進行評分時，應該要公平。如果有人是自己寫的，有人卻可以利用 AI 幫忙寫，這樣無法站

在公平的基礎上打成績。而作為老師，要如何判斷學生是利用生成式 AI 幫忙寫報告呢？

事實上，我作為大學老師，看到生成式 AI 生成的文字內容，往往可以察覺一些蛛絲馬跡，而判斷這份報告是 AI 生成的。為什麼呢？

因為生成式 AI 之所以能夠生成內容，是要透過大量訓練資料的訓練。在全球中文世界中，有二種中文，一種是中國大陸使用的簡體中文，一種是臺灣使用的繁體中文。其實不只是簡體字和繁體字的區別，兩岸在中文的使用方式與習慣用語仍有許多不同。由於大陸網頁的中文數量比臺灣網頁的中文數量來得多，因

臺灣與大陸習慣用語差異

大陸習慣用法	臺灣習慣用法
"　　" （上引號、下引號）	「　　」（上引號、下引號）
通過	透過
信息	資訊
數據	資料
數字化	數位化
在線	線上
計算機	電腦

此在訓練生成式 AI 時，更多的資料來自於中國大陸的中文。導致生成式 AI 生成的內容，滿滿的大陸用語。例如，以下用表格舉幾個常見的例子。

上述表格中的用語，是討論網路議題的文章中常用的用語。而很明顯可以看出，大陸與臺灣對這些網路資訊用語有所不同。如果涉及各個專業領域的專有名詞，包括法律上的用語，不同的地方就更多了。例如臺灣的「著作權」大陸稱「版權」，臺灣的「智慧財產權」大陸稱「知識產權」。

因為雙方用語的不同，作為老師，我很容易判斷所看到的報告內容，是學生自己寫的，還是 AI 生成的。通常我看到這份報告是 AI 寫的，我都會直接跟學生說：「你這份報告是 AI 寫的。」學生通常都不會反駁，也不好意思承認。尤其當我問：「你是用哪一個 AI？」時，學生們也支支吾吾，不肯明講。

大學禁止學生用 AI 幫忙寫報告？

但我並不是說學生不能用 AI 幫忙蒐集資料、翻譯外文、整理重點，提供研究上的輔助。

事實上，2022 年底生成式 AI 剛推出時，國外一些知名大學確實一度明文禁止學生使用生成式 AI 寫報告。例如，香港大學在 2023 年初曾經明文規定禁止學生使用 ChatGPT 寫報告。但是，到了 2023 年 8 月，香港大學也開放了學生可以使用生成式 AI。

到底學生用 AI 協助寫報告是好還是壞，需要其他教育領域者更深入的研究，我不敢斷言。但是，我自己在研究過程中，偶

爾也會使用 AI 幫忙找資料，或翻譯某些外文。例如，我常常請 AI 幫忙翻譯日文和韓文的資料，並和 AI 對話，請 AI 幫忙找出這些外文資料中的關鍵重點。

既然我自己在研究或撰寫論文過程中，也都會請 AI 協助，我也不該完全禁止學生使用 AI 作研究上的協助。但差別在於，作為老師，我知道研究的主角是我，AI 只是提供我研究上的協助、輔助。但是學生的立足點與老師不同。我們擔心學生一旦太過仰賴 AI，完全沒有學到自己進行研究的基本能力，包括最基本的寫作能力和閱讀外文文獻的能力。

因此，在教育過程中，應該先讓學生學會基本的寫作能力和閱讀外文或專業文獻的能力。在有了這些基本能力後，才讓學生使用 AI 作研究上的輔助、協助。避免反客為主。用一個例子來說，我們應該讓新手自己確實學會開車，考到駕照，才讓他用 AI 輔助自動駕駛功能。而非讓新手直接用 AI 自動駕駛車子來考駕照。如果新手可以直接用自駕車來考照，他可能自始至終都不會自己開車。這應該不是我們想要訓練出來的學生。

2. 寫報告正確使用生成式 AI 與引用 AI

下一講（第 11 講）會討論，生成式 AI 生成的內容是否會侵害他人著作權？該部分將說明，其實大部分時候 AI 生成的內容可能不會侵害他人的著作權。既然不會有上述侵害他人著作權的問題，我是否可以放心地使用生成式 AI 的生成內容，拿來當成

我的報告或論文的一部分？這裡要指出，縱使沒有侵害著作權的問題，但仍然會有學術倫理的問題。

正當使用生成式 AI 的可能方式

從學術倫理的角度，一般會說，在研究或撰寫論文過程中，應該正當且負責任的使用生成式 AI。但到底什麼是正當的使用 AI？什麼是不當的使用 AI？

目前為止，雖然有些知名大學提出了使用生成式 AI 的指引，但並沒有明確指出到底在哪種具體情況下可以使用，使用的界限何在等等。

以下我不揣淺陋，以自己對生成式 AI 的使用經驗與思考，提出一些使用上的界限，但純粹是個人的觀點。

以下是我認為可以使用生成式 AI 協助的方式：

⑴ 可以向生成式 AI 提出搜尋指示，請它幫忙查詢資料。

⑵ 可以直接向生成式 AI 詢問問題，請 AI 提供解答。但對於 AI 提供的解答，必須自己再查詢或比對其他資訊，確保 AI 的解答是正確的。因為，生成式 AI 往往會綜合拼貼各種內容，所生成的內容不一定是正確的。

⑶ 當找到一份文獻時，可以請生成式 AI 快速告訴我這份文獻的重點。但是，若要將 AI 整理的重點放到報告中，還是要自己再快速瀏覽一下這份文獻，確保 AI 所整理的重點是正確的。

⑷ 可以請生成式 AI 幫忙翻譯外文。但翻譯完後必須對照外文自己確認，確認 AI 翻譯是否正確。尤其，AI 翻譯的中文往往

使用大陸用語，必須對照外文後修正。另外，AI 對專有名詞的翻譯，也可能出錯。

⑸ 在報告和論文中，若要使用 AI 生成的段落，包括上述 2、3、4 的請求後生成的內容，絕對都要確認原始資訊的真實性，以及經過自己的文字修正。在上述三個請求中，應該都可以去查對原始的資訊來源。若經過查對，應該引用原始資訊來源。

⑹ 論文中的任何一段論述，絕對不可以出現，其唯一的資訊來源就是生成式 AI。現實上，目前也還沒有發展出能夠精確引註生成式 AI 作為資訊來源的方式。

如何在報告中誠實揭露使用生成式 AI ？

在上述的說明下，我個人建議所有生成式 AI 提供的解答，都應該查對其他資訊來源，且要修正 AI 提供的文字。若能做到上述的要求，在大部份時候，其實不需要引用 AI，而是引用其查對的其他資訊來源。

但是，仍有人主張，學術誠信就是要做到誠實揭露，也就是說，研究過程中有使用生成式 AI，就要揭露。但是到底怎麼揭露？揭露地要多仔細？例如，我曾經投稿的一篇論文中，翻譯了紐西蘭的法律條文。審稿人認為，我應該有用 Google 翻譯幫忙。我就在修改論文時，在註腳加了一個說明：「此部分法條翻譯，有使用 Google 翻譯幫忙，但翻譯後作者仍對 Google 翻譯的結果比對英文進行修正。」但是，有沒有需要在每一個地方都這樣說明？我也不知道。

以下我舉出幾個具體的情境，並提出我建議的揭露方式。其中，也說明若從著作權法來看，怎樣的引註不會違反著作權法。

(1) A 同學自己找資料，利用 ChatGPT 作為改寫工具

假設 A 同學自己找到一個 X 教授寫的網路文章，也看完了這篇文章。但不會改寫，請 ChatGPT 幫忙改寫，但 A 同學有引註出處（引用 X 教授的網路文章）。此時，可算是 A 同學利用 ChatGPT 作為改寫輔助工具。

ChatGPT 的生成內容，因為經過訓練模仿自然語言，所以我們可以藉助它，幫我們做字句的改寫。不過，筆者建議，對 ChatGPT 改寫的字句，學生還是要自己再稍微修正一下。

如果從著作權法來看，既然 A 同學有引註 X 教授的文章出處，且經過 AI 的改寫（或自己再修改一下），A 同學不會侵害 X 教授的著作權法。

但是，若嚴格要求學術倫理的誠實揭露，既然改寫者是 ChatGPT，可能要在報告或論文的適當之處（例如致謝詞或研究過程說明的段落），說明乃透過 ChatGPT 的協助進行改寫。

(2) B 同學作業中部分段落是 ChatGPT 寫的

B 同學的作業，大部分是自己寫的（假設 70%），且都有引註參考文獻出處。但有部分段落（假設 30%）是使用 ChatGPT 的生成內容。對於這些段落，B 同學不知道 ChatGPT 到底參考了哪些資訊處。因此，他沒辦法引用 ChatGPT 參考的原始資訊。

在這種情況下，30% 的段落，依照前述筆者建議，根本不該放入報告。因為沒辦法確認生成式 AI 所提供的這 30% 的段落內容，是否正確。

但是，假設學生只是想在有限時間內，將報告或論文的部分內容補足，而沒時間再去查詢其他資訊。故仍然要使用這 30% 的段落。

此時，在學術倫理的要求上，還是應該引註這 30% 段落的來源。B 同學應該要直接說明，說明這幾段的來源，就是來自「ChatGPT 給的答案」。只是這到底要怎麼引用？目前沒有一個規範。

(3) C 同學全交給 ChatGPT，並補上了接近的註腳

假設 C 同學偷懶，並非自己先找了網路文章，而是直接請 ChatGPT 幫忙回答，整份報告都是拿 ChatGPT 的生成內容去交作業。但 C 同學擔心沒有引註資訊，被老師說不是自己寫的。因此，C 同學刻意查詢網路上的類似文章，並刻意做了引註（引註自己找到的某篇網路文章）。

此時，這個註腳其實是一個「假註腳」，跟 ChatGPT 原本參考的多篇文章，可能都不同。此時，C 同學幫 ChatGPT 的生成內容事後加上假註腳，其實是一種註腳造假行為，違反學術倫理。

3. 要不要揭露 AI 生成？如何以科技偵測？

目前為止，學生使用生成式 AI 當報告、論文提出的情況非常普遍，但還沒有真正被人檢舉或被告上法院的案例。但在繪畫領域，臺灣已經出現好幾則案例。有的案例沒有被公開，有的案例卻上了新聞。

其中最有名的，是 2024 年 4 月復興商工校內美展的比賽，爆發爭議。某學生 A 使用生成式 AI 協助創作後，學生 A 以作者（創作人）名義，投稿參加比賽。公布比賽結果後，其他同學馬上發現，這幅繪畫有太多生成式 AI 生成的痕跡。其他同學在網路上披露這件事後，又有更多的網路高手，也對爭議作品提出分析，指出作品中更多 AI 生成的痕跡。事件最後，學生 A 承認道歉，學校也取消他的得獎。

要不要揭露由 AI 協助創作？

從著作權法的角度來看，人類使用 AI 輔助完成的創作，到底受不受著作權保護，各國法院仍然討論中。目前美國法院認為不受保護，北京法院認為受保護。

在上述這種繪畫比賽的爭議，並非涉及著作權的爭議，涉及的是創作倫理的問題，亦即，能不能宣稱「這個作品是我的創作」。我能否聲稱，我用 AI 協助完成的創作，我是唯一的創作者？我拿著作品對外發表甚至報名參加比賽，我需不需要揭露我在創作過程中有使用 AI ？

對這個問題，沒有標準答案。目前大部分國家也沒有用法律強制要求，是否要揭露創作過程中 AI 的參與角色。在學術倫理的討論上，可能認為需要適度的揭露。但是，倘若只是使用 AI 作文字編輯、校對、部分的語句翻譯，可能不用揭露。

至於報名比賽，也要看比賽主辦單位怎麼要求。如果主辦單位說，參賽作品完全不准使用 AI，則偷偷使用 AI 是違反比賽辦法，不符合參賽要求，會被撤銷得獎資格。反之，如果主辦單位說，參賽者可以使用 AI，且需要說明 AI 協助了哪些部分，則就應該誠實按主辦方要求揭露創作中 AI 的使用方式。

歐盟人工智慧法要求 AI 開發者設計出檢測方法

2024 年 5 月通過的歐盟人工智慧法（AI Act），對這個問題有新規定。其規定，若使用 AI 做深度偽造，當然應該要揭露，但若不是做深度偽造，並不需要「揭露是由 AI 協助創作」。但人工智慧系統的開發者（提供者）必須想辦法設計出一種方式，讓 AI 生成出來的內容，可以「被檢測出來是 AI 協助創作」。

歐盟人工智慧法第 50 條 (2) 規定：「人工智慧系統（包括通用型 AI 系統）的提供者，生成合成音訊、圖像、影片或文本內容的，應確保 AI 系統的輸出以可機器讀取的格式標記，且可被檢測為人工生成或經過操控。提供者應確保其技術解決方案在技術上可行的範圍內是有效的、可互操作的、堅固的和可靠的，同時考慮不同類型內容的具體特點和限制、實施成本以及在相應技術標準中反映的一般承認的技術水準。」

所有 AI 的輔助都要標記？

如果按照歐盟人工智慧法的要求，等到該法正式上路後，所有 AI 生成的圖像、影片檔案，都會有某種標記。這讓一個人的創作到底有多少是自己完成，多少是 AI 生成，無所遁形。現行科技上是否真有有效的標記方法？仍待發展中。

但是，倘若我只是文字創作者，利用 AI 幫我校對錯字、修改語句通順度，或協助翻譯部分文句，這種輔助性的使用 AI，都要標記？難道一使用 AI，我的創作就不是我的創作？

確實這條線很難劃。上述歐盟條文第 50 條 (2) 後面又寫了例外規定：「當 AI 系統執行標準編輯的輔助功能，或者不實質性地改變由部署者提供的輸入資料或其語義⋯⋯不適用上述義務。」這似乎幫創作者保留了適度的創作隱私。

所謂「標準編輯的輔助功能」，指常見的各種輔助文字和圖像的一些簡單的輔助修正。而所謂「不實質改變語意」，可能指的是我輸入一個句子請 AI 幫我修改通順一點，或者輸入句子請 AI 幫我翻譯成另一種語言，都沒有改變語意。奇怪的是，這裡的主詞是「部屬者」而非「使用者」。因此，到底這個條文是甚麼意思，還有待後續官方出來解說。

總之，若下了許多提示詞請 AI 幫我繪畫，顯然不屬於「標準編輯之輔助功能」或「不改變語意」。那麼，將來歐盟人工智慧法上路後，圖像生成式 AI 應該要在生成的圖檔做某些標記，讓機器可做檢測。

第11講
AI 系統提供商是否侵權？

　　關於生成式 AI 的著作權侵權問題，從 2023 年起，已經有不同類型的原告群，在美國法院對幾個主要的生成式 AI 系統提供者提起侵權訴訟。從美國的訴訟來看，大致可區分為二個階段的問題。一是使用資料訓練 AI 階段，二是 AI 系統生成內容提供給使用者。

　　在美國控告生成式 AI（包括控告 OpenAI 公司的 ChatGPT、控告 Stability AI 公司的 Stable Diffusion 等）的官司中，針對第一個訓練階段的問題，亦即蒐集資料訓練 AI 系統，這個點比較容易證明。

　　但對 AI 系統生成內容提供給使用者是否侵權，原告必須證明生成內容構成實質近似。若原告能夠提出充分證據證明生成內容與原告著作構成實質近似，AI 系統提供商可能就要負責。但是原告要證明這一點並不容易，因為生成式 AI 生成的內容，未必會跟原告的著作實質近似。

1. AI 系統訓練過程可否主張合理使用？

　　生成式 AI 需要大量的訓練資料，對 AI 系統進行訓練，讓 AI 系統進行機器學習。由於需要使用大量的訓練資料，倘若都要付

費取得授權才能使用這些訓練資料，對 AI 系統的開發商會產生高額成本。因此，這些生成式 AI 系統開發商在開發 AI 系統時，往往在網路上蒐尋各種免費資源，包括盜版的各種資料庫，使用大量的資料對 AI 進行訓練。

因此，生成式 AI 面臨的第一個階段的問題，就是拿這些訓練資料對 AI 系統進行訓練時，並沒有得到著作權人的授權，而可能構成侵權。這就好像說，如果我要將 A 同學訓練成一個聰明的多國語言專家，我就在網路上下載大量的盜版書籍，每天給她閱讀這些盜版書籍。雖然 A 同學真的被我訓練成多國語言專家，但不表示在訓練過程中，我可以大量的盜版書籍。

多起原告控告訓練資料侵權

在美國對生成式 AI 所提起的典型案例中，有幾件主要的訴求就是在訓練過程中，侵害了著作權人的著作。

有一件是作家集體對 OpenAI 公司提告。這是在 2023 年 9 月於紐約南區法院提起的 Authors Guild v. OpenAI Inc. 案。該案由美國作家協會與 17 名作家，對 OpenAI 公司提告。從原告所提出的起訴書內容來看，主要起訴的主張就是認為，OpenAI 公司未經這些作家同意將他們的作品檔案拿去訓練 ChatGPT，而構成了侵權。

另外有許多件是新聞媒體公司對 OpenAI 公司提告，認為 OpenAI 公司在訓練其 AI 模型時，未得到授權就使用新聞媒體的報導文章作為訓練資料，而侵害其著作權。最代表性的案件是

2023 年 12 月紐約時報公司在紐約南區法院提起的 The New York Times Co. v. Microsoft Corp., OpenAI 案。該案中，紐約時報認為 OpenAI 公司大量複製了其網站上的所有新聞報導進行訓練。而且，從其 AI 生成的內容來看，也確實會與紐約時報的文章有大量重疊。

Google 的圖書掃描搜尋曾經構成合理使用

AI 系統開發商在訓練過程中使用他人資料，雖然未經授權，但是否可以主張合理使用？此時，我們可以與過去多年來 Google 搜尋引擎被控告侵權卻主張合理使用的案例作比較。

須先說明，雖然著作權人擁有著作權，但未經同意使用著作的人也有機會主張合理使用（fair use）。臺灣著作權法合理使用的規定，綜合了日本的列舉式規定和美國的概括式規定。在美國的概括式合理使用規定下，是否能夠主張合理使用，必須考量四項因素綜合判斷，沒有標準答案。這四項因素是：

⑴ 使用之目的及性質，包括該使用是否為商業性質或為非營利教育之目的。

⑵ 被侵權著作之性質。

⑶ 就被侵權著作之全體衡量，被使用部份之質與量。

⑷ 其使用對被侵權著作之潛在市場或價值之影響。

美國法院對於許多新科技的發展，例如 Google 搜尋技術的提升，需要用到大量網路資料，卻沒有得到授權的這種情況，美國法院承認一種「轉化性使用」（transformative use）的特殊合理

使用。所謂的轉化性使用，就是後人利用前人著作後，將之傳達出與原著作相比、某些新的、不同形式的成果，或擴張其效用，而貢獻公共知識。

Google 被告的案例中最經典的，就是 Google 圖書館計畫。從 2004 年起，Google 掃描、轉檔、編制索引，超過 2000 萬本書，包括受著作權保護之書籍，以及著作權保護屆期、進入公共領域的書籍。

Google 利用這些掃描、轉檔取得的電子檔，架設了 Google 圖書（Google Book）搜尋引擎。使用者利用 Google 圖書搜尋，可以搜尋書中任何一頁的關鍵字，得知哪些書的內文中有出現這個關鍵字，並且出現了幾次。

在搜尋結果畫面呈現時，倘若該書著作權尚未到期，Google 僅會顯示該關鍵字出現的那一頁的片段（snippet），而且一頁最多顯示三個片段。所謂的片段大約為該頁的八分之一篇幅。就算換不同電腦以同樣關鍵字搜尋，找到同本書的同一頁，也只能閱讀同樣的三個片段。

在搜尋結果畫面中，會有一段文字簡介每一本書。旁邊則會提供連結，讓人可線上購買該圖書，或者指出附近哪一家圖書館擁有此藏書。

由於 Google 掃描這些圖書時，並沒有得到作者和出版社的授權。因此美國的作家協會集體對 Google 提告。最後美國第二巡迴法院在 2015 年作出判決，認為 Google 的圖書掃描與查詢，可構成轉化性合理使用。

一方面，法院認為 Google 這個計畫的目的是為了幫助人類查詢書籍中的片段資訊，倘若沒有這個計畫，人們很難逐一翻閱每一本書知道哪一頁有他想知道的資訊。因此認為具有轉化性目的。

　　更重要的是，並非有轉化性目的就可以隨意利用，例如不可以把整本書的檔案都放到 Google 上讓人下載。法院認為 Google 做了許多防止濫用的措施，包括一次只讓人看一頁中的某些片段，避免讓人可以用 Google 重複查詢而把一整本書讀完。而且，當使用者查到某本書的某些頁面有他想找的資訊，Google 會提供該書的購買或借閱資訊，因而也可能提升該書的購買量。整體而言，法院認為這也確保了不會過度傷害原書籍的權益，因而符合合理使用。

能否主張文本和資料探勘合理使用？

　　相對於美國，歐盟希望把每一個著作財產權的「限制條款」寫清楚。歐盟 2019 年通過的數位單一市場著作權指令制定了一個「文本和資料探勘」之例外規定。其規定大致上類似 Google 圖書搜尋服務這種狀況，當「某搜尋開發者」為了「文本和資料探勘之目的」，可以對合法取得的著作和資料進行複製和截取。也就是說，像 Google 服務一樣，為了探勘哪一本書中有提到某段文字或資料，可以先對許多書的內容進行複製和截取，不需要得到著作權人同意。

　　不管用美國的「轉化性合理使用」或用歐盟的「文本或資料探勘」，大概都允許搜尋服務業者可以未經著作權人同意，大量

地複製他人的著作內容。但是，回到我們現在要問的，生成式 AI 的開發商，可否為了開發生成式 AI，而大量複製使用他人受著作權保護的著作？且都沒有付費、沒有取得授權或同意。

若是在美國，「轉化性合理使用」是一個開放性的概念，也許存在解釋空間，但其實也有許多限制條件。但若是在歐盟，「文本和資料探勘」的概念有限制。生成式 AI 的目的並不單純是做文本和資料探勘。

ChatGPT 回答問題是否可主張合理使用？

有人會認為，就 ChatGPT 這個聊天軟體而言，其雖然使用他人網路內容來回答問題，但類似 Google 搜尋引擎，也是利用大量網路資訊，才能夠提供我們回答，類似 Google 提供我們「搜尋結果」。

如上所述，美國第二巡迴法院曾經認為，Google 搜尋引擎利用大量網路資訊提供搜尋服務，屬於轉化性合理使用。故 ChatGPT 雖然綜合利用他人網路資訊進行「自然回答」，但此一科技進展有機會主張合理使用。

不過，別忘了上述 Google 案件中的一個重點。雖然 OpenAI 公司的 ChatGPT 是科技上的重要突破，具有轉化性價值，但在利用上仍應該避免他人使用 ChatGPT 後，影響原著作權人的權益。在前述 Google 案件中，Google 使用了一些措施，避免使用者可以透過重複查詢，看完整本書的電子檔，而不用再去買書。

至少在紐約時報告 OpenAI 公司的起訴書中，紐約時報提供

了許多證據，證明 ChatGPT 在回答問題時，往往會將紐約時報文章的大量內容直接一字不修改地作為回答內容。這樣的結果將導致，使用者不用自己去閱讀紐約時報，只要每天問 ChatGPT 一些問題，就等於閱讀了紐約時報。這對紐約時報的利益絕對會造成影響。

所以，不能僅從訓練過程來看，認為訓練生成式 AI 具有高度轉化性價值，就認為一定可以主張合理使用。還必須看生成式 AI 所生成內容，有無進行充分改寫，是否過度利用了原著作內容。

從目前 OpenAI 公司的答辯可以看出，OpenAI 公司說目前正在想辦法修改 ChatGPT 的程式，希望 ChatGPT 在生成回答內容時，要做多一點的修改，而非原文複製作為答案。另外，之前版本的 ChatGPT 3.5，回答問題時不會告訴我們參考的網頁資訊，也就是不會引導我們去閱讀原網頁。但目前 ChatGPT 4o 版，在回答時會告訴我們資訊的參考網頁，意思是讓我們可以去閱讀原網頁，或許可增加原網站的流量。

日本著作權法的非享受原著作之限制規定

日本著作權法在 2018 年也通過了一個文本和資料探勘的規定，但寫得比歐盟來要大。第 30 條之 4 規定：「在以下列情況以及其他不以享受著作中表達的思想或情感為目的的情況下，可以在必要的限度內以任何方式利用著作。⋯⋯2. 用於資料分析，從大量著作或資訊中提取、比較、分類和分析資料。⋯⋯」

日本這一條文非常特殊。什麼是享受原著作（作品）？文字著作的享受就是靠閱讀欣賞，音樂和視聽著作的享受是靠閱聽欣賞，軟體著作的享受是靠電腦執行。

其中提到的第 2 種情況是資料分析，強調從大量著作或資料中提取、比較、分類和分析資料。這些利用都不是讓人類去「享受」原來的著作，而是讓電腦進行資訊分析處理利用，就可以主張是著作權之限制（合理使用）。

日本著作權局 2024 年 5 月報告認為開發 AI 在日本不侵權

日本文化廳下的著作權課在 2024 年發布了一份〈日本人工智慧與版權的一般理解：概述〉（General Understanding on AI and Copyright in Japan），說明在 AI 訓練過程未經同意使用他人的大量著作，可以主張日本著作權法第 30 條之 4 第 2 款的非享受原著作的電腦資料處理利用之例外規定。也就是說，生成式 AI 開發商的訓練，並非享受原著作。

但是，該份文件又說，有兩種情況不符合「非享受」的要件：

(1) 為了 AI 訓練而收集作品，以生成與收集的著作權作品相似的材料。根據其說明，如果在一般對基礎模型訓練後，為了調整模型的精確度，又蒐集特定類型著作，進行微調（fine-tuning）和過擬合（overfitting），則在蒐集補充資料過程中已經有了「享受該著作」的情況。至於什麼是微調和過擬合，這裡就不多作說明。

（2）不是為了訓練，而是為了回答使用者的問題去蒐集資料。例如，採用檢索增強生成（RAG）技術。所謂的 RAG（Retrieval Augmented Generation）是一種將檢索和生成技術結合在一起的方法。簡單來說，RAG 系統在生成輸出之前，會先檢索相關的資料來幫助生成更加精確和相關的內容。

最後，該文件又提到，第 30 條之 4 有一個例外，就是不能「不合理地損害著作權人利益」。例如，假設有一個商業資料庫含有大量的資料且須要付費，若 AI 開發商故意繞過該資料庫不付費，可能就會不合理地損害著作權人之利益。

因此，有人說現階段各國的著作權法對於生成式 AI 的開發過程，日本的著作權法是最友善的。但是真是如此嗎？若希望開發出來的 AI 能夠更精確的生成使用者希望得到的內容，可能會使用上述的微調（fine-tuning）、過擬合（overfitting）、RAG 技術，其實還是有所限制。

那麼臺灣呢？臺灣大致會跟隨美國。美國的合理使用規定是開放性的。臺灣著作權法中的合理使用規定也是如此。所以臺灣可以等待美國法院控告 AI 開發商的判決結果，看到底能否主張轉化性合理使用。

參考案件資訊

（1）美國第二巡迴法院判決，Authors Guild v. Google, Inc., 804 F.3d 202 (2d Cir. 2015)

(2) 紐約南區地區法院，Authors Guild v. OpenAI Inc. (1:23-cv-08292)

(3) 紐約南區地區法院，The New York Times Company v. Microsoft Corporation (1:23-cv-11195)

(4) Japan Copyright Office (JCO), General Understanding on AI and Copyright in Japan, May 2024.

2. AI 生成內容是否會侵害他人著作權？

生成式 AI 生成的內容，會不會侵害他人的著作權？在美國和中國大陸，已經有許多起案件，著作權人對生成式 AI 系統提供商提告，認為其生成的內容侵害著作權。到 2024 年 6 月為止，美國法院的案子都還在進行中，沒有作出正式判決。但是中國大陸廣州互聯網法院作出一個判決，判決生成內容確實會構成侵權。

生成內容會不會侵害重製權？

從著作權法來看，著作權法保護每個人所寫文章的「表達」，也就是保護每個人寫的「字句」。但原則上不保護「概念、想法」。當 ChatGPT 回答問題時，用自然語言的方式，表示某一個「概念、想法」，原則上不會侵權。

ChatGPT 的生成內容，不太會與網路上某個資訊的字句一模一樣。因為 ChatGPT 並不是單純地將多個網路資訊進行綜合

改寫，而是利用深度學習模型的強大能力來生成自然、合適的回答。

大部分時候，我們用 ChatGPT 生成的句子透過比對軟體或到網路上搜尋，也不容易找出一模一樣的句子。也就是說，我們很難知道，ChatGPT 的回答，到底參考了哪幾篇網路文章。因此，姑且可以說，ChatGPT 的回答，可能不構成「抄襲」或「侵害特定文章著作權」。

既然生成式 AI 生成的文字與所參考著作原始的文字沒有一模一樣，故很難指控生成式 AI「直接重製」、「原文抄襲」了原始著作。

不過，如果生成式 AI 生成的文字，改寫得不充份，與原始著作進行比對後，可以發現重製好幾個段落的文字，那就是典型的原文直接重製，則會構成侵權。

將小說改寫是否侵害改作權？

在美國對文字型生成式 AI 提告的許多案例中，某些案件中，原告主張的不是生成 AI 直接抄襲了原始文字，而是經過「改寫」。而主張這些改寫，會侵害原著作的「改作權」。

例如，把一本一般成人閱讀的 500 頁的小說，濃縮改寫為兒童閱讀版的 3000 字故事，這種濃縮改寫，一般會侵害原著作的改作權，而非侵害重製權。

在美國的提告案件中，有二件是小說作家對 ChatGPT 提告。第一件是 Silverman v. OpenAI, Inc. 案，該案主要是三位作家對

OpenAI 公司提告。一方面原告主張，OpenAI 公司未經他們同意將小說檔案拿去訓練 ChatGPT，構成直接侵權；二方面也主張，ChatGPT 產出的內容會侵害其小說的重製權或改作權。

但是，原告所提的起訴書中，並沒有提供任何證據，證明 ChatGPT 的回答內容，有直接重製了原小說的部分段落，所以大概很難主張構成侵害重製權。至於 ChatGPT 的回答內容，是否有改作了部分小說內容，起訴書也沒有提供證據。故 2024 年 2 月，加州北區法院作出初步裁定，認為原告對 AI 生成內容是否侵害小說的重製權或改作權，沒有提供初步證據，其主張可能都不成立。但法院仍然給原告修改訴狀補充證據的機會。

新聞文章重製部分段落可能侵害重製權

另外，有好幾起訴訟，是由新聞媒體集團控告 OpenAI 公司，認為 ChatGPT 生成的內容侵害新聞文章的原始段落，構成直接侵權。

由於新聞所傳達的基本事實資訊不受著作權法保護，當 B 記者將 A 記者寫的原報導整個重新改寫後，若只保留 A 記者提供的事實資訊，但修改成 B 記者自己的文筆。B 記者改寫後只用到 A 記者的事實資訊，可能不構成侵權。

事實上，各國的網路媒體，很多都不做自己的調查訪問，而直接將他人的報導進行改寫。這在臺灣非常明顯。臺灣許多網路新聞記者都是坐在電腦前改寫其他優質媒體的新聞。由於這種事情太過普遍，到底有沒有侵害原記者的著作權，在臺灣應該沒有

記者提告過。

不過，實際上必須看各家生成式 AI 在回答問題時，是否如上所述經過充分地改寫，或沒有改寫而大量重製原新聞著作的段落文字。

前面提到的 2023 年 12 月紐約時報告 OpenAI 的案例中，紐約時報起訴書中提供了大量證據，證明 ChatGPT 在回答問題時，常常會把原新聞文章的好幾個段落原字不改地提供作為回答。此時，由於沒有經過充分改寫，這樣的使用確實會構成直接侵權。不過，到 2024 年 6 月為止，在美國所有對文字生成式 AI 的訴訟，法院都沒有作出一審判決。

軟體程式生成式 AI 生成的程式碼實質近似？

另外，在軟體程式工程師對生成式 AI 提告的案例中，也提出了證據，證明 AI 生成的程式碼，與原始的程式碼幾乎一模一樣。

2022 年 11 月，五位匿名軟體工程師在加州北區對 OpenAI 公司提告，這是 DOE 1 v. GitHub, Inc. 案。這群匿名的軟體工程師撰寫了許多程式與程式碼，並願意將程式原始碼公開，將程式原始碼貢獻給專門的網站 Github。

但後來微軟公司買下 Github，並與 Open AI 公司合作，使用 Github 內他人貢獻的程式原始碼，來訓練程式的生成式 AI，並推出了 CoPilot 這個生成式 AI。CoPilot 這個生成式 AI，較特別的地方就是可以協助軟體工程師撰寫程式，提供特定功能的程式撰寫建議。

在這個案件中，這些匿名工程師當初採取了開放原始碼的授權契約，願意將程式原始碼給他人使用，所以沒有控告這幾家公司的使用侵害著作權。但是，由於開放原始碼的授權契約有一個條件，就是使用者也必須出於非營利且也同樣認同開放原始碼的精神。因此，這些匿名工程師作為原告，主要控告的主張，是認為 Github、微軟、OpenAI 等，違反了開放原始碼授權契約。

該案要爭執的是，被告等公司的使用，有沒有違反開放原始碼授權契約。但一樣有個前提，就是必須證明，被告等公司確實使用了原告等人撰寫的程式碼。因此，法院要求原告提出證據，證明 CoPilot 這個生成式 AI 所生成內容，有侵害原告的程式碼，不論是許多行程式完全一模一樣，還是達到實質近似的程度。

由於要寫出特定軟體功能的程式，可以寫的方式有限。從目前原告所提出的修正起訴書來看，確實提出了，被告 CoPilot 所生成的程式碼，有與原告當初貢獻的程式碼實質近似。不過，到 2024 年 6 月為止，這個案子仍在審理中，法院還沒有作出一審判決。

參考案件資料

(1) 加州北區地區法院，Silverman v. OpenAI, Inc. (3:23-cv-03416)

(2) 紐約南區地區法院，The New York Times Company v. Microsoft Corporation (1:23-cv-11195)

(3) 加州北區地區法院，DOE 1 v. GitHub, Inc. (4:22-cv-06823)

3. AI 語音助手聲音侵害影星聲音權？肖像權？

2024 年 5 月底，OpenAI 公司為 ChatGPT-4o 推出新的語音互動功能，提供五種虛擬語音助理的聲音與你對話。其中一個語音助理 Sky 的聲音，像極了漫威電影宇宙黑寡婦演員史嘉蕾‧喬韓森（Scarlett Johansson）的聲音。

史嘉蕾知道後也請律師要求 OpenAI 撤下 Sky 這位語音助理。她說明，OpenAI 執行長阿特曼（Sam Altman）2023 年 9 月曾與她接洽，詢問她是否願意獻聲，但她拒絕。OpenAI 公司雖然說明，是找另一名聲線很接近史嘉蕾的女演員協助錄音，但從事後立刻撤下 Sky 這個語音助理的選項，大概是有點心虛。

這個事件一方面告訴我們，ChatGPT 的產出中，包括語音的產出，也可能侵權。但我們更好奇的是，到底侵害的是什麼權利？聲音權？

美國公開形象權

在美國各州法中，規定名人對自己的肖像、聲音、特徵，擁有一種公開形象權（right to publicity）。公開形象權保護的範圍，包括個人身份的各個方面，如個人的形象、姓名、綽號或任何其他能夠區分個人的特徵，以防止他人在未經個人同意的情況下用於商業利益。在美國，公開形象權並非聯邦的法律所保護，通常由各州的成文法或不成文法加以保護。

公開形象權與商標權非常接近，一般在美國商標法課本中，

會將公開形象權作為課本中的一個章節來介紹。也就是說，名人也可以將自己的照片、形象，申請註冊商標。若名人講了具體的一句話，也可以註冊為聲音商標。但要將某個人的聲音特色，亦即她的聲紋，註冊為商標，現實上非常困難，主要原因在於，在申請上無法用精確的方式表示這個人聲紋的特色。雖然不能註冊為商標，但上面提到，美國各州州法對這種名人的公開形象特色，給予不成文法上的保護，不需要申請註冊就自動獲得公開形象權的保護。

由於史嘉蕾作為女性，其聲音卻充滿磁性，很有辨識度，因此，其能夠主張自己的聲音就是她的特徵，而可受到保護。而且，從新聞報導中也看到，OpenAI 公司本來就曾主動接觸史嘉蕾，希望得到她的授權。

臺灣有肖像權規定？

在臺灣，人們常常說我有肖像權。但在臺灣的法律中，有任何一條法律保護肖像權嗎？其實沒有任何一個法律直接保護肖像權。

唯一一個條文提到肖像權的，就是臺灣《商標法》第 30 條規定，註冊商標不得侵害另一個人先前就存在的權利，包括第 13 款的他人的肖像、姓名等。這個條文是臺灣法律中明確把「肖像」二個字寫進法律中的。其雖然只是規定申請註冊商標不得使用他人肖像或姓名，表示他人的肖像與姓名權一樣，也是一種權利。但問題在於，這個條文只是說不能用他人的肖像，但是其他

法律中，有明確保護肖像權這種權利嗎？

因為沒有法律直接提到肖像權，一般會說，若他人侵害我的肖像權，我可以回到基本的民法，主張他侵害我民法上的人格權。我的肖像是我的人格權，他人不應亂用。

進一步，如果我是名人，他人未經我同意使用我的姓名、照片去做產品代言，除了侵害我的姓名權、肖像權之外，我也可以用民法中「不當得利」的規定，主張對方因使用名人肖像作產品代言但沒有付代言費，請他返還應付而沒有支付的代言費。不過，一般必須是知名人士，才可以用民法上的不當得利提告。

除了用民法主張肖像權，現在還有個人資料保護法，保護每個人的個資。而個資的定義包括：「個人資料：指自然人之姓名、出生年月日、國民身分證統一編號、護照號碼、特徵……及其他得以直接或間接方式識別該個人之資料。」所以，個人的肖像也是一種受保護的個人資料。而個資法的設計精神就是，個人可以完全控制自己的個人資料，他人未經同意不得使用。

在臺灣，連肖像權到底有無存在在臺灣的法律中，都是一個謎團。那麼要主張名人的聲音權受到法律保護，可能更加困難。

4. 廣州互聯網法院判決 AI 生成鹹蛋超人圖像侵權？

美國有許多原告對生成式 AI 提出多個侵權訴訟，但法院至 2024 年 6 月為止，都還沒有作出一審判決。相對地，對於 AI 系統生成內容是否侵權，2024 年 2 月，中國廣州互聯網法院竟然

後發先至，作出全球第一起判決。

2024 年 2 月，廣州互聯網法院作出全球第一起判決，認為 AI 生成的圖像確實侵害他人著作權，而需要賠償。這則判決是上海新創華文發展公司 v. 某 AI 公司（化名）的案件，涉及的圖像是小朋友年輕人喜歡的鹹蛋超人（現稱為超人力霸王）的圖像，在大陸稱為奧特曼。

擁有超人力霸王著作權的日本圓谷製作株式會社，在 2019 年將奧特曼系列形象的著作權，專屬授權給上海的新創華文發展公司（原告），並讓其有權在大陸對其他侵權者提告。

被告是某 AI 公司，經營 Tab 網站（化名），是一個圖像生成式 AI，可以按照使用者給予的提示詞，生成使用者希望看到的圖像。

本案有趣的地方在於，是原告自己於 2023 年 12 月下旬付費使用被告的 Tab 網站，給予提示詞「生成一張迪迦奧特曼」（臺灣稱超人力霸王迪卡），Tab 網站因而生成迪迦奧特曼有關的圖像。原告認為，所生成的圖像與原告得到專屬授權的奧特曼形象構成實質近似，故於 2024 年 1 月提告。廣告互聯網法院迅速地於 2024 年 2 月 5 日開庭審理，並於 2 月 8 日作成判決。2 月底這份判決文上了新聞。

廣州法院認為，被告的 Tab 網站生成的圖像與原告的著作權圖像，構成實質近似。且在沒有相反證據的情況下，可以推定被告有接觸過這些奧特曼作品。因此法院認為：「被告未經許可，複製了案涉奧特曼作品，侵犯了原告對案涉奧特曼作品的複

製權」。

這個判決是中國大陸法院在生成式 AI 著作權問題上，所做出的第二則獨步全球的判決。第一則是前述第 9 講提到的，2023 年 11 月底，北京互聯網法院判決，李某利用「Stable Diffusion」生成的圖像，李某擁有著作權，且可控告他人侵權。而這個判決則是第二則獨步全球的判決，是全球第一個法院認為生成式 AI 生成內容會侵權的正式判決。

這個案子也提到了生成式 AI 產業鏈的實際運作狀況。在 AI 產業鏈中，提供生成式 AI 服務者，不一定是開發 AI 基礎模型的公司。本案的被告公司說，他們只是跟 AI 開發者合作，用開發者的 AI 基礎模型對外提供服務。所以原 AI 基礎模型開發者是否在訓練時有接觸奧特曼圖像，他們一無所知。

但是，被告作為直接面對網路使用者的 AI 服務提供者，還是可以有所作為。本案的被告公司說明，在收到起訴書後，已經立刻將「奧特曼」作為禁止輸入的提示詞。若使用者輸入「奧特曼」，系統會跳出「您發送的信息包含不合規的內容」，且不會開始生成。

但是，法院開庭時輸入「迪迦」，Tab 網站仍然生成了與原告的奧特曼形象高度近似的圖像。因此，法院判決要求被告 AI 公司，必須增加更多的禁止輸入的提示詞，以避免繼續生成奧特曼的相關圖像。對於原告要求刪除 AI 模型中的奧特曼圖像原始資料，法官認為，由於被告不是 AI 開發者，沒有辦法刪除，故沒有同意這項請求。

中國大陸除了這兩則獨步全球的最新判決之外，在 2023 年 8 月公布了《生成式人工智慧服務管理暫行辦法》，比起歐盟的《人工智慧法》對生成式 AI 的監管還要嚴格。這些發展都值得我們保持關注。

參考判決

> 廣州互聯網法院民事判決書，（2024）粵 0192 民初 113 號

5. 各國對生成式 AI 系統提供商的法規監管

除了上述提到美國和中國大陸的具體訴訟之外，目前全世界各國政府，也對生成式 AI 進行立法監管的推動。幾個主要國家或區域的發展，包括美國、歐盟和中國大陸。

美國目前採取不監管模式，至少對生成式 AI 幾乎沒有任何立法提案。歐盟則制定人工智慧法，對 AI 進行全面監管。中國大陸目前雖然沒有對 AI 進行全面監管立法，但對生成式 AI 提出了一個暫時性的管理法規。

歐盟人工智慧法

歐盟 2024 年 5 月正式通過的人工智慧法（簡稱歐盟 AI 法），採取風險等級方式，將各類型 AI 區分為四種等級。分別是：①不可接受風險（unacceptable risk）、②高風險（high risk）、③

有限風險（limited risk）及④最小風險或無風險（minimal or no risk）等四種不同的風險等級，如下表所示。而歐盟 AI 法主要針對不可接受的風險與高風險等兩類人工智慧系統進行嚴格管制，其餘有限風險等只須遵守基本規範。

在歐盟 AI 法中，原則上認為生成式 AI 屬於低風險等級，只要求某些透明揭露義務，包括前面第 10 講提及的，要求生成式 AI 系統對生成內容進行適當標示。

歐盟 AI 法中的風險分級

風險等級	管制分類	應用領域描述	立法政策
不可接受風險	禁止使用之 AI	將嚴重威脅人民的生命、生活等基本權利	原則上禁止
高風險	受管制之高風險 AI 系統	(1)管制產品或產品安全元件 (2)特定領域的人工智慧系統	AI 系統上市前的各項義務，以及上市後的各項義務
有限風險	透明性要求	對公民的風險較小且可控	各種透明與告知義務
最小風險或無風險	無義務	對於公民權利與生活幾乎沒有影響，大部分人工智慧應用皆屬此類	未特別訂定法律規範

(1) 揭露訓練資料來源

由於生成式 AI 主要是由通用 AI 模型開發商所開發，提供給下游的應用 AI 系統提供商。因此，歐洲 AI 法對通用 AI 模型之開發商課予了一些義務。其中與著作權有關的部分，是要求及紀錄並揭露訓練資料的類型與來源。

歐盟 AI 法第 53 條 (1)(d) 規定：「通用型 AI 模型提供者應該：……(d) 按照 AI 辦公室提供的範本，擬定並公開提供有關通用型 AI 模型訓練所使用內容的充分詳細的摘要。」

這項義務將產生的衝擊是，如前所述，生成式 AI 的基礎模型在訓練過程中，使用了受著作權保護的訓練資料，可能會侵害他人的著作權。上述 (d) 要求，該生成式 AI 基礎模型開發者必須公開訓練過程中使用他人著作的情形。但一旦公開，可能引發更多著作權人對生成式 AI 所屬公司提告。

(2) 確保生成內容尊重著作權法？

原本在立法過程中，歐洲議會一度提出，要求通用 AI 模型開發商必須做到，所訓練開發的基礎模型，須「……根據一般公認的技術水準，及不損害基本權利（包括言論自由）的情況下，確保適當防範生成違反歐盟法律的內容」。也就是要確保該模型生成的內容不會違反歐盟法律。

但現實上這是非常困難的，因為 AI 模型如何判斷哪些內容會違反哪些法律？就算只限於不要違反著作權法，AI 模型可能

也很難判斷哪些內容會侵害著作權。通用 AI 模型的開發者，要如何在設計模型時，就將著作權中抄襲的判斷界線納入模型中，以避免生成內容不會侵害他人著作權？

故最後通過的條文，歐盟 AI 法第 53 條 (1)(c) 僅要求：「通用型 AI 模型提供者應該：……(c) 制定一項尊重歐盟著作權法和相關權利的政策……」。上述條文將原本的「確保」改為「尊重」。原來歐洲議會版規定生成內容不要違反「各種法律」，後來正式通過的條文限縮為只要求尊重「著作權法」。至於要如何尊重，並沒有詳細規定。

中國大陸《生成式人工智慧服務管理暫行辦法》

中國大陸目前沒有針對所有 AI 系統，制定如歐盟一般的全面性監管法規。但針對生成式 AI，2023 年 7 月中國大陸通過了一個《生成式人工智慧服務管理暫行辦法》，對生成式 AI 採取高度管制。細看內容可以發現，其對生成式 AI 的監管，比起歐盟的《人工智慧法》對生成式 AI 的監管還要嚴格。

其中，中國的暫行辦法要求開發者在訓練過程中使用他人資料訓練不得侵害智慧財產權（第 7 條）。該法要求 AI 系統要對生成內容進行標示（第 12 條）。AI 系統提供者發現生成內容違法時，要採取停止生成的措施（第 14 條 (1)）；發現他人利用生成式 AI 從事違法活動者也要適度阻止（第 14 條 (2)）。他人發現生成式 AI 生成內容有侵權，也可提出檢舉（第 15 條）。

整體來看，中國的暫行辦法反映了一個基本立場，AI 系統

提供者要對所提供生成內容負起責任。

歐盟與中國大陸對生成式 AI 的監管

	歐盟	中國大陸
訓練過程使用資料	尊重著作權，但原則上可以行使文本與資料探勘合理使用	使用合法來源、不侵害著作權的資料
產出內容不違法	制定尊重歐盟著作權法和相關權利的政策	提供者發現違法內容，即時停止生成，並阻止他人使用。 提供檢舉違法內容的窗口。

　　臺灣呢？如果按照過去臺灣整體智財法與科技法的發展來看，應該會依循美國的路徑。如果美國還沒有要規範生成式 AI，臺灣政府大概也不會主動制定規範生成式 AI 的監管法規。最多只會提出人工智慧基本法這類較原則性的法規。

　　我們在生成式 AI 這項科技剛開展不到五年的現在，很難說到底哪一種監管模式較好。也許過了若干年後，如同網際網路與線上平台的管理一般，美國也會開始檢討，是否要對生成式 AI 課予較重的義務。長遠來看，人類會越來越仰賴使用生成式 AI。我們必須思考，當人類使用生成式 AI 生成有害或違法內容時，生成式 AI 系統提供商是否該盡點責任？

商標／專利／其他智財權篇

一般講的智慧財產權法，主要有三個核心的智慧財產權法律，包括著作權法、商標法、專利法。以下第四篇要介紹著作權法以外的幾個法律，包括商標法、專利法、設計權保護。這些法律與著作權法的不同在於，其都必須跟政府申請，經過審查符合要件後，才能取得保護。由於有跟政府申請，所以保護的標的範圍比較明確。

最後，還有二個法律，包括公平交易法和營業秘密法，提供了上述保護以外的補充保護，而且不用申請。由於沒有經過申請，所以保護的標的範圍很不明確。這二個法律名為補充保護，實為對智慧財產權制度的擴大保護。我也會提出對這種過度擴大保護的一些反思。

商標爭奪戰

1. 商標基本概念

任何一家公司，都會希望消費者記住這家公司的公司品牌，或者其重要產品的品牌。故這些公司就會希望這些公司品牌或產品品牌，註冊為商標（trademark），獲得法律上的保護，禁止其他人使用相同或近似的公司品牌或產品品牌。

一家公司，通常會將自己的公司品牌，註冊為公司商標（home mark），也會將幾個主推的產品品牌，註冊為產品商標（product mark）。所以，一家重視商標保護的公司，會註冊非常多的商標。例如，一家公司銷售好幾個不同的產品，就會註冊好幾個不同的產品商標。

(1) 商標的功能

商標制度有好幾個功能。通常提到商標的主要功能有四個。這些功能分別是：

a. 識別功能（Origin Function）：所謂識別功能，就是設計一個好記好看的商標，可以讓消費者記住一家商品或產品的代表logo，讓消費者可以「識別」（認出）商品或服務的來源（來自哪一家公司），並使消費者能夠區分不同企業的商品或服務。

b. 品質保證功能（Quality Function）：商標也承擔了品質保證的作用，消費者會對聽過或認得的品牌比較有信心，讓消費者能夠信賴某一商標下的商品或服務的品質。

c. 廣告功能（Advertising Function）：設計一個好看好記的商標，可以將商標作為廣告和促銷的工具，幫助企業推廣其商品或服務，提高市場知名度。

d. 投資功能（Investment Function）：商標可以作為企業的投資工具，其價值可以隨著企業的發展和市場推廣而增加，為企業帶來經濟收益。

(2) 註冊保護主義 v. 使用保護主義

絕大部分的國家，對商標的保護都採取註冊保護主義，也就是要向各國的智慧財產局（Intellectual Property Office，簡稱 IPO）申請註冊，經過審查後，才給予商標保護。

既然強調「註冊保護主義」，自然會採取先搶先贏的概念。如果已經有 A 公司先申請註冊一個 X 商標，10 天後 B 公司申請一個非常接近的 X1 商標，且指定使用在類似的產品服務類別上。這時候，由於 A 先申請註冊，B 比較慢，智財局只能核准 A 的商標，而須駁回 B 的商標。

但美國卻是另一個極端，其採取「使用保護主義」，也就是說，他們的公司只要先在美國使用一個商標，就可以在州法和聯邦法上，獲得商標的保護。當然，他們還是有聯邦商標註冊制度，也可以去聯邦註冊商標。但一家公司到聯邦註冊商標，只是推定

這家公司可能有先使用這個商標的權利。

(3) 商標必須指定產品服務項目

人類的詞彙是有限的，如果一個人將重要的字彙註冊為商標，就可以阻止其他人使用相同或近似的字彙。這對商人來講可以使用的詞彙會減少。而且，不同領域的生意人，可能會想到類似的詞彙作為商標。因此，在申請註冊商標時，必須指定該商標要使用在哪一類的商品或服務。

而註冊後所取得的商標權保護，原則上也限於所指定的商品或服務類別，或者類似的商品服務類別。

世界上大多數國家的商標註冊產品和服務分類，是採取 1957 年的尼斯條約（The Nice Agreement）的分類，一般稱為尼斯分類（Nice Classification）。尼斯分類將產品和服務總共分為 45 大類，其中商品有 34 類，服務有 11 類。每個大類下又有很多細項。因此，想申請商標的人，可以參考尼斯分類的大類和細項，在申請表中填寫該商標指定使用的商品和服務的大類和細項。

(4) 商標不使用會被廢止

既然商標申請時要指定使用商品服務細項，才能取得那個產品服務類別上的商標保護。那麼，申請者能不能乾脆一次填寫很多個商品服務細項？

一方面，填寫的類別越多，要繳交的申請費（審查費）就越多。而且真正申請到商標後，還要繳交商標的註冊費（維護費）。

申請費與註冊費都是按商標類別細項去計算的。如果指定的項目太多，須要繳交非常多的費用給政府。

二方面，由於取得商標保護後，會限制他人在商業交易上使用某個詞彙，所以申請到商標必須真的有使用，若不使用則會被「廢止」商標。美國、中國大陸、臺灣等規定，三年未使用商標，就會被廢止。歐盟一般規定五年未使用商標會被廢止。而且，廢止乃根據你所指定的商品服務類別，個別判斷。例如，你註冊一個商標在餐廳類和飲料產品類。你雖然有賣飲料產品，但沒有開餐廳，超過三年，在餐廳類別上的商標就會被廢止。

(5) 屬地主義，須到各國註冊

既然強調註冊保護主義，延伸的一個基本概念就是，各國政府都強調自己有國家主權，所以要取得各國的智慧財產權保護，必須依照當地國家的法律獲得保護。我們一般稱為「屬地主義」。

在屬地主義下，沒有所謂的「世界商標」。作生意的商人，除了在臺灣註冊商標，當產品服務推廣到別的國家，例如想到中國大陸或日本做生意，就必須到中國大陸和日本申請註冊商標。

不過，在歐盟的整合持續推動中，目前歐盟已經打破屬地主義，採取了歐盟商標制度。也就是說，商人到歐洲國家做生意，一方面還是可以到歐洲各國申請各國商標，也可以向歐盟智財局申請一個歐盟商標，保護效力及於全歐盟。

2. 商標的元素與識別性

傳統平面商標的元素

我想申請商標，但商標可以是甚麼樣子？典型的商標一般都是平面商標，可以由文字、圖形、記號、顏色等元素所構成。單純的文字、圖形就可以申請商標，也可以組合上述幾種元素後，設計一個含有文字、圖形、顏色的商標。

例如，Google 這個商標，就是單純的文字所構成。當然，我們最常見的 Google 商標是將 Google 套上四種顏色，則是文字與顏色的組合。Google 有單純的文字商標，也有套上顏色的商標。另外，微軟（Microsoft）商標，是由四個不同顏色的方型組成的視窗圖案，加上 Microsoft 的文字，共同由文字、圖案、顏色所組成的平面商標。

非傳統商標

除了傳統的平面商標，現在法律也開放申請非傳統商標，使用一些非傳統的元素作為商標內容，包括純粹的顏色、立體形狀、動態、全像圖、聲音等。

所謂純粹的顏色，乃指不加上任何圖形，這是一種非傳統的商標。例如，我們在遠遠的地方看到前面有一家店，店的橫幅招牌燈是以白色為底，上面有橘色、綠色、紅色的三個平行線條。遠遠地看到這個橫幅招牌燈，就算沒有看到上面這家店的名稱，你大概都可以知道，這家店就是 7-11。7-11 也確實將這種橫幅招

牌的顏色組合，申請註冊為顏色商標。

所謂聲音商標，只要一段聲音具有識別性，消費者一聽到這段聲音，就知道這個商品或服務來自哪一家公司，即可以註冊為聲音商標。例如，為什麼人在家中坐，聽到外面傳來一段貝多芬的〈給愛麗絲〉或巴達婕芙絲卡（Tekla Bądarzewska-Baranowska）的〈少女的祈禱〉，我們就知道垃圾車來了？因為，這段音樂旋律就代表垃圾車的服務，也可以算是清潔隊服務的聲音商標。只是，各地的清潔隊沒有將之申請註冊為商標，因為沒有人會想使用這段聲音侵害清潔隊的聲音商標，故也不需要去註冊。

識別性

是否我想出的任何詞彙、圖形、顏色的組合，都可以申請商標？既然申請商標要審查，就會要求商標須具有一些基本要件。商標審查官要審查的，要看這個商標有沒有具備商標要件：識別性，以及是否有各種不得註冊事由的情形。

所謂「識別性」，在英文中是用 distinctiveness 這個字，一般人翻譯為獨特性。但在中文中所使用的這個「識別性」，凸顯了二個性質。一方面，「識」就是要能夠被「認識」出來是一個商標，二方面，「別」就是要能夠與別的事物、包括能與別人的商品服務「相區別」。例如，商標文字不夠特別，在產品包裝上看起來只是一般的產品說明文字，消費者認識不出是一個商標，無法與說明文字區別出來，就不具識別性。

一般的商標若是「文字＋圖形＋顏色」的平面商標，一般都

會有識別性。但仍然可能有不具識別性的狀況。例如所使用的商標文字，只是單純對這個商品常見的形容詞，包括形容「商品或服務之品質、用途、原料、產地或相關特性之說明」，就不具備識別性。

大部分商人所設計的公司商標或產品平面商標，通常會有識別性。我們稱為先天識別性（inherent distinctiveness）。但是，倘若一個文字商標只是商品常見的描述詞，可能就不具備先天識別性。另外，我們既然開放了顏色、立體形狀等商標，有些商人會想將產品外觀上的顏色、形狀，申請註冊商標。但這些產品外觀上的特色，也可能不具先天識別性。

雖然不具先天識別性，但商人仍然可以繼續使用這些描述詞、外觀特色，作為商品的宣傳重點，透過長期的使用、廣告等，讓消費者慢慢習慣，一看到這個商品的描述詞或外觀特色，就可以認出這個商品。在長期使用宣傳之後，這個原本不具先天識別性的商標，有機會取得後天識別性（acquired distinctiveness）。後天識別性又有另一個說法，就是其在原本不具識別性的描述詞或外觀特色的第一個意義之外，獲得了第二個意義（secondary meaning）。

例如，我們若看到一條黑色運動褲，褲邊有垂直的三條白色，雖然沒看到這個運動褲的牌子是甚麼，一般人會想到這應該是愛迪達（Adidas）的運動褲。Adidas 本來有自己的文字商標和三葉草等圖型商標。若是在 30 年前，人們看到運動衣褲上有三條黑線或白線，未必知道是愛迪達的產品，以為三條線只是一種

裝飾性線條，不具先天識別性。但經過多年的使用與宣傳，在臺灣大多數人看到三條線的運動衣褲產品，都可以認出這是愛迪達的產品。因而，三條線在原本的裝飾性意義之外，有了第二個意義，取得了後天識別性，就可以註冊商標。

　　大部分的生意人，一開始註冊的都是傳統的平面商標。但當商品越賣越多年，商品或包裝上有一些獨特的外觀特徵後，就會想將商品、包裝上的外觀特徵申請註冊為顏色或立體商標。

流行用語、流行圖片沒有識別性？

　　東京奧運男子羽球雙打麟洋配於 2021 年 7 月 31 日冠亞軍賽的最後一球，電腦鷹眼判斷呈現球落點 in 的畫面，讓國人欣喜落狂。很快地，隔天立刻有人發揮創意，加上白色的 Taiwan，變成一個 Taiwan in 的畫面。有商業頭腦的人，都想開發這類設計的創意商品。但是，更有法律商業頭腦的人，在隔兩天 8 月 1 日，就立刻拿這個畫面提出商標申請。（見第 25 頁「Taiwan In 圖」，商標申請號：110054588，申請日期：110/08/01）

　　一旦這個畫面被註冊商標，獲得商標權的保護，則類似的文創商品都不能使用相同或近似的畫面。因而，一時之間，很多人討論這個商標到底是否能通過。

　　有人說，國名、地名不能申請商標，所以絕對不會通過。但實際上，這個申請案是一個圖形商標，並非只申請「Taiwan」文字，對文字進行創意設計搭配圖形，並非單純的地名，應該可以申請商標。

智慧財產局面對媒體詢問，也出來說明，提到流行用語若被廣為使用，不具有識別性（也就是不夠特別讓人記住，無法指示商標服務來源），不能被註冊。智財局曾經在網路上說明，如「母湯喔」、「撩妹」、「魯蛇」、「佛系」、「94狂」，等流行用語，都不能被註冊。

　　例如，最典型的例子是臺北市政府的吉祥物「熊讚」。雖然「熊讚」這隻卡通熊的外觀圖案已經獲得商標註冊，但智財局認為「熊讚」這個文字只是一個通用語，在台語中就是「最棒」的意思。為了避免流行用語被獨佔使用，故智財局也不核准「熊讚」商標的註冊。

　　智財局說明，流行用語不能被註冊的理由，是根據商標法第29條第1項第3款：「商標有下列不具識別性情形之一，不得註冊：……三、僅由其他不具識別性之標識所構成者。」但其實真正的依據，來自於智財局自己頒佈的「商標識別性審查基準」，有提到流行用語可能不具識別性。

　　純粹的流行語，也許非常普及，人們天天口說時要使用，不能被人所獨佔，所以不准任何人註冊，以避免有人註冊之後，獨佔這個流行語的使用。

　　但是，「Taiwan in」這個畫面設計，其實非常有創意。我個人認為，這個畫面很難說是一個「流行圖案」。雖然這個圖案一時之間在網路上廣傳，但現實生活中並沒有被使用於任何商品服務上，也沒有被人以口語方式每天使用。圖像與語言不同，流行用語是因為許多人天天在使用，故一時之間不能被人獨佔。

例如，如果 Taiwan in 是一個流行畫面，那麼，東京奧運的 logo，在東京奧運轉播期間，難道也是一個流行畫面？實際上，「Taiwan in」這個圖像，除了短暫熱潮被人轉傳，無法被口說。過了熱潮之後，既然無法被口說，就不能算是一般人常常要使用的流行用語。

我傾向認為，Taiwan in 這個圖像具有識別性，過去並沒有真的被使用於商品上，故第一個申請之人，應具有識別性，而可獲得註冊。不過尚有一個問題，就是第一個搶先申請 Taiwan in 圖案的申請者，據說並非 Taiwan in 這個圖的原始設計者。Taiwan in 這個圖因為具有創意，而有著作權。故申請商標的人必須先得到該圖設計者的圖形著作授權，才能取得商標。

3. ChatGPT 商標有沒有識別性？

美國 OpenAI 公司於 2022 年 11 月推出生成式 AI「ChatGPT」後，立刻風靡全球，造成 AI 產品的轟動。OpenAI 公司在當年 12 月向美國專利商標局申請註冊 CHATGPT 商標和 GPT 商標。但美國專利商標局於 2024 年 2 月正式作成決定，認為這二個商標都只是描述生成式 AI 產品的描述詞，不具識別性，而拒絕其註冊。但也暗示 CHATGPT 可能具有後天識別性。

OpenAI 公司申請 GPT 和 CHATGPT 二商標

OpenAI 公司在 2022 年推出風靡全球的 ChatGPT 後，立刻

於 2022 年 12 月向美國專利商標局（USPTO）申請 CHATGPT 和 GPT 等商標。

　　就 CHATGPT 這個商標，OpenAI 公司指定使用於第 9 大類的「可下載的電腦程式和用於人工生成人類語音和文本的可下載的電腦軟體……」和第 42 大類的「提供用於人工生成人類語音和文本的線上非可下載軟體；……人工智能領域的研究與開發服務；電腦程式和軟體的研究、設計和開發」。

CHATGPT

OpenAI 公司申請註冊的 ChatGPT 商標
資料來源：臺灣智慧財產局商標檢索系統

美國專利商標局駁回其註冊

　　審查官於 2023 年 5 月 25 日發出初步審查意見給 OpenAI，表示將拒絕註冊 CHATGPT 和 GPT 這二商標。其主要的理由是，其違反美國商標法第 1052 條 (e)(1)：「該標記……在申請人的商品上使用時僅是描述性的」，亦即欠缺識別性。

　　OpenAI 公司對初步拒絕理由，在 2023 年 11 月 27 日補提交完整說明，包括 815 頁的文本和相關證據。在這 815 頁回應中，大部分想證明，CHATGPT 已經因「史無前例的大規模採用」，和「廣泛的非主動邀請的媒體報導」，包括印刷新聞、廣播新聞、播客和社交媒體，而獲得先天識別性。

但 2024 年 2 月 9 日，USPTO 發出正式的審查決定，仍駁回這二個商標的註冊申請。

認為 CHATGPT 不具識別性

審查官認為，CHATGPT 商標「僅描述了 ChatGPT 服務的一個特徵、功能或特性」。該標誌由「聊天」（chat）和生成式預訓練轉化器（generative pre-trained transformer，簡稱 GPT）所組成。而生成式預訓練轉化器，乃是一種神經網絡模型，可以「使應用程式具有創建人類般的文本和內容（圖像、音樂等）並以對話方式回答問題的能力」。

審查官提出許多證據，包括網路上的一些說明文字，證明 Chat 和 GPT 都只是該行業的描述軟體功能的描述詞。審查官認為，消費者會將 CHATGPT 視為「其所提供服務的描述性措辭」，亦即，CHATGPT 就是「聊天生成預訓練轉換器」的縮寫。CHATGPT 並未「創造獨特、不相容或非描述性的含義」。相反，該標誌「立即向相關消費者傳達」了服務的性質——由背後的 GPT 技術所開發的聊天機器人。

審查官認為，OpenAI 公司雖然提出很多證據，但這些證據仍然毫無疑問地顯示，該商標僅僅是描述性的。之所以不讓描述詞註冊為商標，是因為其他競爭對手可能需要使用 GPT 和 chatGPT 來描述自己的人工智慧產品。

CHATGPT 有機會主張取得後天識別性

不過，審查官在最後提供建議，OpenAI 公司可以修改其申請，改以第 1052 條 (f)，主張因取得後天識別性，而申請註冊。

其並提示 OpenAI 公司，若修改此申請，必須提供足夠的證據支持該主張（例如經過驗證的長期使用情況聲明、廣告和銷售支出、典型的廣告案例、消費者的宣誓書和陳述、客戶調查等）。這些證據必須證明相關公眾理解該商標的意義是識別申請人產品或服務的來源，而不是識別產品或服務本身。

建議 GPT 商標改申請登記在輔助註冊簿

審查官對於另一個申請商標 GPT，則認為識別性更弱，沒有機會取得後天識別性。其建議 OpenAI 公司若仍想要申請，可以改申請註冊在輔助註冊簿上。

美國聯邦商標註冊區分主註冊簿（Primary Register）和輔助註冊簿（Supplemental Register）。二者的差異在於，在主註冊簿登記的商標，被推定該商標有效，且權利人乃具有使用該商標的優先權。但輔助註冊簿註冊的商標就沒有獲得此一推定。

因此，雖然不能登記於主註冊簿，但只要有合法使用且願意付費，仍可登記於輔助註冊簿。但登記在輔助註冊簿上，只有公示的作用，卻沒辦法獲得法律上的推定地位，包括無法推定該商標有效（可能欠缺識別性），或無法推定其具有優先權（可能不是第一個使用該商標的人）。

臺灣准予註冊但認為 GPT 為描述詞

有趣的是，OpenAI 公司在臺灣提出相同的 CHATGPT 商標申請註冊，臺灣智財局很順利地核准其註冊，並沒有認為 chat 或 GPT 是互動生成式 AI 的描述詞。

SmartCityGPT

鴻海公司申請的 SmartCityGPT 商標
資料來源：臺灣智慧財產局商標檢索系統

但是，其他科技公司想申請包含有 GPT 的商標，智財局卻認為不具識別性而不准註冊。例如，鴻海公司申請了「SmartCityGPT」。審查官認為，「Smart City」指智慧城市，GPT 則是指「Generative pre-trained transformer」縮略語，中譯為「生成型預訓練變換模型」，為一種人工智慧語言模型。審查官因而認為，以「SmartCityGPT」作為商標圖樣，指定使用於 AI 相關產品服務上，傳達予消費者僅為以人工智慧語言模型打造智慧城市之概念，為所指定商品或服務之品質、用途或相關特性之說明，而不准予註冊。

也許臺灣商標審查官認為，GPT 僅是一種描述生成式 AI 的描述詞和通用詞，欠缺識別性，一般情況下不得註冊，但 OpenAI 公司已經就 ChatGPT 取得後天識別性，而例外同意其註冊。

4. 商標不得註冊事由

想取得商標之所以要向智財局提出申請，是因為智財局審查官要審查該商標是否具備識別性，還要審查該商標是否有各種「商標不得註冊事由」的情形。

一般在各國商標法中，會有非常多的商標不得註冊事由，大多都會超過十種以上。臺灣商標法主要規定在商標法第 30 條，共有 15 種不得註冊事由。這麼多事由，大概可以分成二大類，一類是「絕對不得註冊事由」，一類是「相對不得註冊事由」。

絕對不得註冊事由

絕對不得註冊事由，是指這些事由會影響到政府、公眾或公共利益。所以政府對這些絕對不得註冊事由，必須較嚴謹的審查、過濾，避免輕易核准商標。在臺灣商標法第 30 條中，前面 8 款事由都與公共利益有關，屬於絕對不得註冊事由。包括使用了各國國家的國旗、徽章（第 2 款）、元首的肖像或姓名（第 3 款）、政府機關的標章（第 4 款）、跨國政府組織或國際公益機構的徽章（第 5 款）、國內外認證標記（第 6 款）、妨礙公共秩序（第 7 款）、誤導公眾關於產品服務之性質品質（第 8 款）。

相對不得註冊事由

而相對不得註冊事由，沒有影響到公共利益，而是影響到其他商人、私人的私人權利。包括哪些私人權利呢？商標法第 30 條的後面 7 款，分別列了各種私人權利，包括酒商的地理標示保護（第 9 款）、其他人先申請註冊的一般商標權（第 10 款）、其他人的著名商標權（第 11 款）、其他人尚未註冊的商標先使用權（第 12 款）、他人肖像權、姓名權（第 13 款）、其他法人團體名稱權（第 14 款）、他人著作權（第 15 款）等。

相對不得註冊事由與絕對不得註冊事由的差異，展現在二個方面。一方面是在商標審查時，審查官應該主動對絕對不得註冊事由審查嚴格一點。但就相對不得註冊事由，審查官未必知道其他私人有甚麼先權利受到影響，所以未必會在審查時就發現。

第二個不同在於，商標申請的審查，本來就有可能在審查時沒有發現問題，所以設計了事後的抗議制度，包括三個月內提出「異議」，或三個月後申請「評定」，要求撤銷這個商標。

如果涉及相對不得註冊事由，涉及的是其他私人權利，私人的權利受到影響，被影響的私人應該要積極爭取自己的權益。但若五年內被影響的私人都沒有提出抗議，過了五年才要提出，此時因為私人自己讓自己的權利睡著，故商標法規定，超過五年原則上就不得再提出評定要求撤銷該商標。

但如果涉及的是絕對不得註冊事由，涉及的是公共利益，就算超過五年才有人發現並提出質疑，政府還是可以受理並調查，調查屬實仍然可以撤銷這個商標。

絕對不得註冊事由 v. 相對不得註冊事由

商標法不得註冊事由（第 30 條）		
	絕對不得註冊事由 （第 1 到第 8 款）	相對不得註冊事由 （第 9 到第 15 款）
受影響者	政府、公眾、公共利益	其他商人、私人的私人權利
審查時	應主動發現、嚴格審查	較難主動發現、可能會沒審查到
核准後的抗議	超過五年也可以提出評定，要求撤銷	超過五年就不可再提出評定要求撤銷

5. 商標混淆誤認：台大補習班侵害臺灣大學的「台大」商標？

註冊商標的二層保護

只要向政府成功申請註冊了商標，就可以獲得商標權的保護，且至少有二種層次的保護。第一層就是可以阻止他人註冊接近的商標，第二層則是可以控告他人侵權。

在上面提到相對不得註冊事由中，就是影響到他人的先權利。最常出現的情況，就是想申請的商標，影響到他人已經先註冊的商標。而他人已先註冊的商標，包括不太有名氣的「一般商標」，以及非常有名氣的「著名商標」。

當想申請的商標，與他人先註冊的一般商標有混淆誤認之虞時，不得准予註冊（第 30 條第 10 款）。或者，當想申請的商標，與他人的著名商標相同或近似，而會淡化該著名商標的識別性或信譽時，也不得准予註冊（第 30 條第 11 款）。這二種情況，前者可以簡稱為「一般商標混淆誤認」，後者可以簡稱為「著名商標被淡化」。

例如，A 想申請 X 商標，但與先註冊的 B 的 Y 商標可能會有混淆誤認，或者會淡化 C 的著名商標 Z 的識別性或信譽，這兩種情況都影響了 B 和 C 的先權利，所以不得讓 A 取得 X 商標的註冊。

而這二種情況，也是 B 和 C 的商標控告他人侵權時，同樣會提出的理由。也就是說，常見的商標侵權，一種是一般商標的

混淆誤認侵權，第二種是著名商標被他人淡化侵權。例如，A若沒有去註冊X，但是直接開始使用X於商品服務上，這時B和C也可以控告A侵害商標權。

所以，只要B和C成功註冊了商標，都取得二層的法律保護，第一層是阻止他人註冊相同或近似商標，第二層是可以控告他人的使用行為侵權。

商標權的二層保護

	一般商標混淆誤認 B的一般商標Y	著名商標被淡化 C的著名商標Z
第一層 法律保護	阻止他人註冊商標 （A若想註冊X，可以阻止A註冊）	
第二層 法律保護	控告他人使用行為侵權 （A若想使用X，B和C可以控告A侵權）	

一般商標混淆誤認

申請商標的人非常多，並不是每個商標都很有名。而一般商標就是不太有名的商標。但商標權人有依據商標法申請註冊商標，並指定使用在某個產品服務類別。這樣的一般商標並不特別有名，未必所有消費者都聽過。因此，其商標權的保護範圍，侷限在其指定使用的商品服務類別中。

一般商標要控告他人侵權，主要是控告，他人將「相同或

近似」的商標圖樣，使用在「同一或類似」的商品或服務上，而導致「相關消費者混淆誤認之虞」。這個混淆誤認，英文為 confusion，就是會讓消費者被混淆。

倘若是使用一模一樣的商標，使用在一模一樣的產品上，在英文中稱為 counterfeit，臺灣俗稱為仿冒。這種典型的仿冒行為，不但有民事賠償責任，還有刑事責任。

至於使用的商標圖樣不完全一樣，但構成「近似」的圖樣，而使用的產品服務類別不相同，但構成「類似」的產品服務，這樣都有可能讓相關的消費者產生混淆。

消費者可能會以為 B 廠商生產的 Y 產品，接近 A 廠商生產的 X 產品，而誤以為 B 廠商的 Y 產品就是 A 廠商的 X 產品，或以為是來自 A 廠商的同系列產品（狹義的混淆誤認），或者誤以為 B 廠商與 A 廠商之間是關係企業、授權關係等（廣義的混淆誤認）。這樣都會侵害商標權。

著名商標被淡化

著名商標之所以稱為著名，就是名氣響亮，而為相關事業或消費者所普遍認知。其比一般商標更為有名，而可以獲得的商標權利保護就會更大。

其保護比起一般商標，在三方面獲得擴大保護。

第一個擴大保護是，一般商標的混淆誤認，在產品服務類別上要類似。但著名商標因為名氣響亮，其他人使用時就算使用在差異較大的商品服務類別上，消費者還是可能會誤以為擁有著

名商標的大企業拓展了新的事業版圖。因此，著名商標的混淆誤認，不受到商品服務類別的限制。

第二個擴大保護是，著名商標的侵害不限於混淆誤認之虞，其擴大到，就算沒有混淆誤認，若造成別種傷害也是侵害。所謂的別種損害，主要是「減損商標之識別性或信譽」，英文稱為dilution，也有翻譯為淡化。

例如，一家早餐店到處亂用「台積電早餐店」，大部分消費者都知道台積電不會出來開早餐店，所以消費者不會被混淆誤認。但這樣的使用，會減損著名商標原本的獨特商標設計，因為該商標被到處亂用，會變得不再獨特。或者，這樣的使用也讓原本的台積電商標的高科技、良好品牌形象（信譽），受到減損。

第三個擴大保護是，著名商標的侵害，不限於「商標的使用」

著名商標保護與一般商標保護

一般商標	著名商標
1. 混淆誤認 (1)商標圖樣相同或近似 (2)產品服務類別同一或類似 (3)相關消費者混淆誤認之虞	1. 混淆誤認 差別：不受商品服務類別限制
無	2. 淡化 減損著名商標之識別性或信譽
	3. 不限於商標之使用 擴大到「非商標使用」之侵害

上的侵害，擴張到「非商標使用」。所謂的「商標使用」，一般是將商標圖樣用在產品本身或包裝容器上，或者將商標拿來打廣告。但若有第三人將台積電商標作為自己公司名稱、團體名稱，甚至網域名稱，並沒有用在商品上或對外廣告上，這種使用並非「商標的使用」，但著名商標權人一樣也能控告此種「非商標使用」的侵害。

臺灣大學控告台大文理補習班侵權

2022 年 11 月，法院判決位於臺北市的台大文理短期補習班（簡稱「台大補習班」）侵害國立臺灣大學（一般人簡稱「台大」）的商標權，並命令台大補習班不得再使用「台大」等字眼，以行銷補習班或補習教育。可是，一般人會覺得，台大補習班存在已久，消費者並不會搞錯台大和台大補習班的差別，法院為何會命令台大補習班必須更換名字？

首先要說明，一般人可能會覺得「臺灣大學」和「台大」非常有名，屬於著名商標，既然是著名商標，控告他人侵權，沒有產品類別的限制，任何人將台大使用在無關的領域上，臺灣大學都可以控告混淆誤認侵權或淡化侵權。

確實，「臺灣大學」和「台大」可能是著名商標，但因為這個案件中，被告台大文理補習班使用「台大」作為補習班名稱與宣傳，也已經存在非常多年，若臺灣大學要用著名商標來控告已經存在非常多年的補習班，較站不住腳。因此，這個案子臺灣大學並不是主張自己是著名商標，以著名商標的地位來控告，而是

臺灣大學在 2015 年時將「台大」也註冊在「補習班」類別上，是以一般商標的地位來控告混淆誤認侵權。

在註冊商標時，必須同時指定該商標欲使用的「商品或服務」的類別。假設台大一開始申請註冊「台大」、「臺大」商標時，只有指定使用於「大學教育」或者「高等知識或技術之傳授、講座」，那麼，原則上其商標權的範圍，只能禁止他人在「大學教育同一或類似的領域」使用「相同或近似於台大」的商標，因為這種近似的使用，可能會造成消費者混淆誤認之虞。

實際上臺灣大學早期註冊「台大」商標時，只有指定使用於「知識或技術之傳授、講座」。但在 2011 年以後申請註冊商標時，將「台大 TAIDA」、「TAIDI」商標也指定使用在「補習班、函授課程」等類別。在 2015 年後，更直接將「台大」、「臺大」申請註冊在「補習班、語文補習班、珠算補習班、才藝補習班、學校教育服務、備有膳宿學校、函授課程」等類別。

被告台大補習班主張，臺灣大學擴張註冊自己的商標範圍，可是根本沒有使用在補習班這個行業，故該商標在這個領域應該不受保護。但臺灣大學竟然拿出證據，說自己有開設類似補習班的課程，或與補習班有授權合作關係，所以確實有在補習班領域中使用自己註冊的商標，商標仍受保護。

就算臺灣大學的商標成功擴張到「補習班」行業，但要構成商標侵權，還必須讓消費者出現混淆誤認。因此，被告台大補習班主張，一般消費者根本不會產生混淆誤認，他們可以分清楚臺灣大學和台大補習班的差別。

但法官認為，由於臺灣大學的商標確實就是「台大」並指定用於「補習班」，被告用的是一模一樣的文字、用在一模一樣的行業，這時候法律並不要求「消費者混淆誤認之虞」（商標法第68條第1項第1款）。

這個判決讓人覺得奇怪的地方在於，台大補習班使用這個名稱已經超過50年，怎麼會過了50年，法院才認為它侵害商標權？個人覺得這個判決論理有問題。

一、台大補習班要主張善意先使用，但法院認為它不是善意。但在民國60年（1971年）時，臺灣大學並沒有擴張到補習班，為何被告使用不算善意？

二、臺大自己是民國104年（2015年）才將商標擴張到補習班，可以用40多年後申請的補習班商標，打敗使用40多年的補習班名稱？

參考判決

智慧財產及商業法院109年度民商訴字第35號判決（111.07.05）

6. 為何臺灣家族飲食事業每年都出現商標內戰？

在臺灣，每年都會看到家族的飲食事業，衍生的家族親戚間的商標內戰。例如，大哥的家系取得商標權，控告二哥和三哥的後系子女不得使用該商標。對於這類每年一再發生的問題，一方

面是大家在創業初期沒有意識到商標的重要性，二方面則是臺灣商標法規定得也不好。

洪瑞珍三明治案

這幾年最有名的案例，要屬洪瑞珍三明治案。這個品牌的由來，最早是洪家第一代六兄弟，一起於 1947 年開始用「瑞珍商店」名稱經營菓子店，後來將「瑞珍商店」冠上「洪姓」改名為「洪瑞珍」。洪家的六兄弟，當初都一起幫忙經營洪瑞珍商店，但推派由老五擔任商號登記負責人。

1987 年註冊的洪瑞珍及圖型商標

老五除了是登記的負責人，因為有商標的概念，於 1987 年註冊「洪瑞珍及圖形」商標。並在 2010 年將商標轉讓移轉給自己的兒子。老五的長子接手後，將「洪瑞珍及圖形」商標註冊在更多產品類別，並開始擴大經營並注重行銷，慢慢成為臺灣最有名的三明治品牌。老五長子也與其他房系子孫簽訂商標授權書，同意洪家男性子孫可使用此商標，但不同意女姓子孫使用。

後來有一房的女姓子女自己也想要開設三明治商店，使用洪家手作、洪瑞珍的英文拼音（HUNG RUI CHEN）等商標，故老五長子對其提出訴訟。

在訴訟中，被告主張，洪瑞珍商標是最初第一代六兄弟共有的商標，六兄弟及後代子孫都有使用權，只是被老五自己拿去申請商標。但智財法院認為，商標權誰去申請就是誰的。既然是老五去申請，就是老五家的。其他房後代子孫沒有得到授權，就不可以使用。因此法院最後還是判這位未得到授權的女性子孫構成侵權。

商標誰去申請登記就是誰的？

如果當初洪家第一代確實是六兄弟一起做生意，且當初沒有設立公司的概念，在民法上其實是一種合夥關係。在合夥關係下，所取得的權利其實屬於合夥人全體，而非登記在哪一個人名下就算他的。

但是，臺灣的商標法有一個問題。其沒有明確規定，在申請註冊之前已經開始使用的「未註冊商標」，這個權利到底要怎麼認定屬於誰？是誰拿去申請就是誰的？

著作權法有規定，著作權是屬於創作完成之人，或其約定歸屬之人。專利法也有規定，專利權屬於完成或參與發明之人，或其約定歸屬之人。但只有商標法沒有任何規定。因此，根據商標法，誰去申請就是誰的，不管到底申請前是誰先開始使用，申請前又是怎麼約定的。

年年都發生飲食業家族商標爭奪戰

了解上述背景，就可以知道，為什麼每年都可以在臺灣的新

聞上，看到一些飲食家族產業的第二代和第三代，出現商標爭奪戰了。原因就在於，第一代兄弟姊妹共同打拼事業時，沒有成立公司，只是合夥關係。這個初創事業其實就已經在使用一個「未註冊商標」。

但兄弟姐妹間若有一個人跑去申請登記商標，且登記在自己名字下，臺灣的商標法說，誰去登記就是誰的。第一代登記的商標權人雖然不會控告一起打拼事業的兄弟姊妹，但傳接給第二代之後，第二代的商標繼承人卻可能會以商標權禁止其他堂兄姐弟妹們使用。

歐盟的商標法規有一個明確的規定，倘若有一個事業的代理人或代表人去申請商標，但卻把該事業的商標權登記在自己名字下，其實該事業的其他人可以主張該商標登記有問題而撤銷。不過，雖然有這個規定，其他人必須在五年內提出抗議，過了五年也沒辦法再翻案。

這給我們二點啟示。一方面因為臺灣商標法的缺漏，導致一家族企業共有的商標，被某一人登記之後，就拿該人沒轍。二方面也告訴我們，商標權的申請保護概念很重要。家族中有人有概念搶先登記，其他人沒概念，事後只能吃悶虧。

參考判決

智慧財產及商業法院 110 年度民商上字第 8 號判決（111.04.07）

7.「焦糖哥哥」商標不使用會被廢止

　　任何人都可以申請商標，但是商標申請到之後，必須真的有使用。倘若超過三年無正當理由不使用申請到的商標，他人就可以申請「廢止」該商標。

　　焦糖哥哥陳嘉行，原本是東森公司下「momo 親子台」的主持人，momo 親子台幫每個主持的哥哥姐姐取了個藝名，替陳嘉行取名為「焦糖哥哥」。momo 親子台的製作公司「優視傳播股份有限公司」還將每個藝名申請註冊商標。

　　親子台的每個藝人不可能一輩子主持兒童節目。陳嘉行在 2014 左右就不再主持該節目。但因為一般觀眾並不熟悉陳嘉行的本名，所以陳嘉行在外接一些商演活動，仍然使用「焦糖 陳嘉行」的名號，演唱 momo 親子台擁有著作權的歌曲。

　　2019 年 5 月 10 日，陳嘉行收到優視傳播公司的存證信函，要求其不得繼續使用「焦糖哥哥」，否則將以其侵害商標權為理由，提出刑事告訴。

　　陳嘉行諮詢法律專業人士後，決定提出反擊。因為，雖然優視傳播公司擁有「焦糖哥哥」商標，但商標法第 63 條第 1 項第 1 款規定，商標權人無正當事由繼續停止使用註冊已滿三年者，他人可申請廢止該商標。

　　因而，陳嘉行決定於 2019 年 5 月 13 日申請廢止該商標。而優視傳播公司主張，雖然陳嘉行已經沒有再當節目主持人，但是因為該節目集結出版的錄影帶及音樂專輯仍有持續銷售，仍然有

使用「焦糖哥哥」在這些產品上，故仍然有持續使用。

智財局審理後，於 2020 年 3 月 2 日決定廢止該商標。陳嘉行另外在 2019 年 7 月間，自己去申請了「焦糖哥哥」商標，智財局也在 2020 年 5 月間，核准註冊其商標。

從這則案例可知，商標註冊後，要持續使用，若超過三年無正當理由停止使用，該商標會被廢止，而被他人搶走商標。

參考資料

智慧財產局廢止處分書，（109）智商 40052 字第 10980116350 號、（109）智商 40189 字第 10980116010 號（109.03.02）（焦糖哥哥商標）

第13講
專利屬於誰

1. 專利制度的目的為何？

現在社會中，企業非常重視研究發明活動，也會對發明成果申請專利，獲得專利的保護。而專利到底是什麼制度？

專利制度是一種發明者和政府的利益交換

簡單地說，專利制度是政府設計出來，對人的研發成果，給予一個最長 20 年的法律上的保護制度。在 20 年內，其他人不得未經同意使用專利權人的發明。所以專利權人可以獨占這項發明，或者透過授權賺取專利授權金。到了 20 年之後，專利權保護結束，任何人都可以使用這項發明技術。

不過，這項發明技術並不是到 20 年後才向社會大眾公開。專利制度的設計是，發明者在申請專利後的 6 個月內，還沒開始審查或審查還在進行中，這項發明申請內容就必須對外公開，我們稱之為「早期公開制度」。所以，在發明者尚未取得專利前或剛取得專利，該發明的內容就已經被上網公開到各國的專利資料庫網站，而非到 20 年之後才公開。

從上述對專利制度的簡單描述可以知道，專利制度是一個政府設計的交換制度。發明者想要取得發明的專利保護，必須要跟

政府交換。發明者拿出來交換的，就是願意將發明的內容提早公諸於世，讓全世界的人都知道最新的技術進展到什麼階段。發明者交換來的好處是，倘若這項發明符合專利要件，政府願意用政府的力量，包括法院制度，協助保護發明者 20 年，阻止他人未經授權使用。

政府為何要設計這個交換條件？這個交換條件中，對發明者、所有研發者、社會大眾來說，都能獲得好處。

⑴ 這個制度對發明者有誘因，為了取得 20 年的技術獨占保護，會努力進行研發，並在 20 年內利用該專利來獲利。

⑵ 在專利制度下，雖然這個發明內容一提出申請不久後就被早期公開。但就算這項發明技術內容被公開，其他研發者、企業也不能將該技術作商業上使用。但其他研發者、企業能夠提早閱讀這項發明專利的說明書，了解技術的內涵，並站在這個發明成果上，作後續的改良、突破等。因此，整個科學研發社群都能在這個階段中，提早得知他人的研發內容，讓科技研發社群的知識整體跟著進步。

⑶ 等到專利保護 20 年結束後，任何人都可以自由免費使用這個發明技術，社會整體也因而得益於該科技帶來的便利生活。

發明專利

專利制度保護三種專利，分別是發明專利、新型專利、設計專利。以下先說明發明專利與新型專利，至於設計專利比較不一樣，留到更後面再說明。

發明專利是最主要的專利，保護範圍包括所有人類利用自然法則之技術思想的創作，都可以申請發明專利。具體來說，人類的發明展現在幾個主要類別，包括物品的發明、物質的發明、方法的方明、用途的發明。

　　物品的發明，指各種具有一定空間之機器、裝置或產品等，包括現代生活中的電腦、手機、平板、電動車等，都是物品發明。物質的發明，包括各種化學物質或醫藥品等產品，也包括微生物、蛋白質、細胞、基因改良等各種生物物質。製造方法，例如傳統螺絲或化學物質之製法，或者最先進的高科技晶片的製造方法；以及無產品的技術方法，例如空氣中二氧化硫之檢測方法或使用 DDT 殺蟲的方法。從方法發明中也衍生出用途的發明，通常是指物質的用途，在藥物領域中，除了對藥物的成分會申請物質專利外，對各種使用該藥物之方法、治療用途，也會申請用途專利。

　　發明專利給予保護 20 年，既然要給予 20 年的保護，會經過嚴格的專利要件的審查。我們稍後再說明。

新型專利：為何某些先進國家沒有這個制度？

　　新型專利制度很特別，某些先進國家沒有新型專利制度，例如美國、英國、加拿大、澳大利亞、瑞典等國。但是，大部分國家都有新型專利制度，臺灣也有。這是為什麼？

　　由於發明專利的要件非常嚴格，其中一個要件是進步性，要求技術的改良程度必須夠進步，太小的技術改良無法獲得發明專

利。因此，許多中小企業與獨立發明人申請發明專利時，智財局會認為技術的改良太小，不給予發明專利。這對中小企業和獨立發明人是一種信心打擊，認為白忙一場，甚至申請失敗幾次之後，他們就會沒有信心，而放棄申請發明專利。

也許一個人的多個發明中，大部分都只是小的技術改良，但總有一次會出現非常進步、非常棒的發明。故不應該讓企業、獨立發明人這麼早就放棄申請專利。而且，申請也需要多加練習，因為申請專利還要撰寫專利說明書。唯有多多練習申請撰寫，才會越寫越好。因此，政府必須想出一個制度，鼓勵發明人多多提出申請，縱使申請不到發明專利，也可以拿到一個替代專利。這個替代專利就是新型專利。

新型專利的制度特色是，政府不會對你的技術內容作實質審查，只會作「格式審查」，也就是看你的專利申請書、說明書寫的格式是否正確，該填的欄位是否都有填寫。在格式審查沒問題後，不管你的技術夠不夠進步，都直接核准新型專利，給予 10 年的保護。

我們可以用學生研究論文比賽來比擬。學生寫的研究論文，與教授的最先進研究不同，其實很難提出什麼重大突破的研究成果。但我們還是要舉辦學生論文比賽，鼓勵學生多多練習寫研究論文。我們可以對所有參賽的學生都給一個獎狀，讓他們感到受肯定、獎勵，參賽沒有白忙一場，至少拿了一個獎狀回家。這樣子，參賽的學生受到獎狀的獎勵，愛上了寫研究論文，就會願意未來繼續投入研究的道路。

學生拿到了獎狀，其實沒有甚麼用處，但至少可以掛在家中牆壁上，或寫在自己的履歷上，對外宣稱自己有研究潛力。同樣地，新型專利的法律保護有一個特色。由於新型專利沒有經過實質審查，只經過格式審查，所以雖然獲得 10 年的保護，但這個保護效力比較弱。

　　新型專利權人可以自己打廣告，宣稱自家產品獲得多項專利。但是，若新型專利權人想要控告他人侵權，要向智財局申請補做一個「新型專利技術報告」，也就是對專利要件補做實質審查。倘若補做這個審查報告的結論說，這個專利沒有進步性，那麼就不用浪費錢去告別人侵權了。因為去告別人侵權，反而自己的專利會被撤銷。

　　那麼，為何美國、英國、加拿大、澳大利亞、瑞典等國沒有新型專利制度呢？例如，澳大利亞原本在 2001 年採取新型專利制度，到了 2021 年又廢除了這個制度。原因在於，這些國家認為新型專利未經審查，不值得花時間、成本運作這個制度。當這些國家的技術進展到最先進時，其認為政府花時間成本運作的專利制度，只需要保護真正進步的技術，不需要浪費政府和企業的時間玩這個有點半吊子的新型專利制度。

　　話雖如此，如上所述，大部分的國家還是有新型專利制度。尤其前面提到，這個制度有助於鼓勵中小企業、獨立發明人多多練習創新、也練習提出申請。新型專利制度除了鼓勵發明人多提出申請外，也能夠協助讓代理申請專利的專利事務所有足夠的案件量，讓事務所有夠多的案件量維持營運，也提升專利申請文件

撰寫的品質。

2. 申請專利的基本要求

先申請主義

跟商標一樣，想獲得專利必須提出申請，各國智慧財產局會進行嚴格的審查。這裡有一個最重要的概念是，倘若有 A 企業和 B 企業同時在進行電動車電池充電的研發競賽，最近都獲得相同的技術上的突破。此時，要給哪一家企業發明專利保護？

在美國，過去採取「先發明主義」或先發明制度（first-to-invent system），也就是誰先發明，就讓誰取得專利。至於如何證明誰先發明，則要看各自的實驗室記錄簿。所以填寫實驗室記錄簿是一項非常重要的事。

但現實上，當有二組研發團隊申請類似技術時，若每一次都要去調查到底誰先發明，調查發明的實際歷程，不但非常麻煩，也會因為證據的認定產生爭議。所以，在 2013 年以前，除了美國，全世界其他國家，全部都採取「先申請主義」或先申請制度（first-to-file system）。也就是，不論 A 企業和 B 企業哪一天完成發明，都不重要，重要的是誰先提出申請。而專利將賦予給先提出申請的企業。

甚至，連美國自己也覺得這樣太麻煩，且與世界上其他國家不同。在 2011 年，美國通過了《萊希－史密斯美國發明法案》（Leahy-Smith America Invents Act, AIA），於 2013 年生效，將美

國的專利制度從先發明制轉變為先申請制，與全世界其他國家的制度一致。

在先申請制度下，可能有企業為了搶先申請，光有一個idea，還沒有經過實驗，就搶快提出申請。為了避免這種還沒真正完成發明或還沒準備好申請文件的情況，「申請日」的認定，必須申請人將所有的申請文件，包括申請書、說明書、請求項等等，全部都撰寫好提出，才算是取得「申請日」。在後續討論專利要件時，也都是以這個申請日，作為判斷是否符合專利要件的基準日。

專利要件

要申請發明專利，在實質上該發明必須符合專利要件，包括產業利用性、新穎性、進步性。在格式上要撰寫申請書、說明書。

一般說的專利要件有三個，包括產業利用性、新穎性、進步性。

(1) 產業利用性

產業利用性很容易可以達成，只要是可供產業上利用的發明或技術，都符合產業利用性。反過來說，沒有產業上利用價值的發明或技術，大概也沒有人願意花錢申請專利。所以產業利用性這個要件通常可以省略。

(2) 新穎性

所謂新穎性，就是所申請的發明技術，對全世界而言是全新的技術，在申請日之前，從來沒有人提出或發表過這樣的技術。

這個新穎性要件是要求，這個技術對全世界而言確實是新的技術，以前沒人提出過，才值得給予保護。而且，是不是新的技術，是以全世界的角度來看，而不是問在某一個國家內是否有看過這個技術。我們稱之為「絕對新穎性」。

一般法律是反過來規定，何種情況會「喪失」新穎性。只要在申請日之前，有人（不論是他人或自己），在研討會上、論文上、網路上、專利資料庫上，發表或刊載過這個發明的技術內容，這個申請案就喪失新穎性。甚至，某些技術在申請日前曾經在公開場合實驗、展示、使用過，導致部分人已經知道這個技術，也會喪失新穎性。

如果是這樣，會產生一個問題。許多學校的老師、學生，為了參加科學展覽、發明競賽，或者老師為了參加研討會發表論文，都已經先在某些場合公開了最新的研發成果。一旦公開，就喪失新穎性，因而就無法申請到專利。這樣子不是應該禁止老師或學生參加研討會或發明競賽嗎？

在法律上，為了避免這種不合理的狀況，而規定了「例外情況」。不論是自己出於本意參加研討會、發明競賽，或者非出於本意被他人洩漏研發成果，都給予 12 個月的緩衝期，稱為「新穎性優惠期」。只要在這些研發成果公開的 12 個月內提出專利申請，都不會被認為喪失新穎性。

喪失新穎性通常是在申請日之前，該技術已經刊登在某個地方。實務上最常檢查的，還是各國的專利資料庫。因為前面提到，各國的專利申請案在申請後 6 個月內就會提早公開於各國的專利資料庫。因此，審查官會比對各國專利資料庫，看是否有相同的技術已經被提出申請。

(3) 進步性

　　就算我的發明技術是全世界最新的，但還要看這個技術相對於過去的技術，改良的幅度是否夠進步。只有所申請的發明技術夠進步，才能獲得專利。這個要件用正面表達，是要求夠進步，稱為進步性（Inventive Step）。反面來講，什麼叫作不夠進步，是指這個技術對所屬技術領域中具有通常知識者而言，是很明顯就能想到的一些小改良。所以該進步的地方不能太明顯就被想到。故稱為「非顯而易見性」（Non-Obviousness）。

　　在專利的世界中，不論是專利審查或是法院處理專利侵權案件，判斷最困難的，往往就是進步性要件的爭議。

　　進步性的法條寫「所屬技術領域中具有通常知識者依申請前之先前技術所能輕易完成」。其中，「申請前之先前技術」，審查官要找出申請日前已經公開的所有與這個技術有關或接近的「先前技術」，通常就是與這個技術有關的期刊論文和各國專利資料庫的申請案資訊。但現實上，因為語言的侷限，通常審查官只會找中文與英文的資訊，其他日文、韓文、德文，審查官因不熟悉也無法了解內容。

這時，就可以發現，法條中所寫的「所屬技術領域中具有通常知識者」是一個假想的、不存在的人。這個假想的人非常厲害，不但了解這個技術領域，還精通各國語言。假設這個人可以讀懂所有申請日之前存在各國的期刊論文、專利資料庫的申請案件的資料，在綜合運用這些知識之後，問這個假想的超級聰明的人，是否可以很輕易地想到現在這個申請案的改良技術？如果是，就會被認為不具進步性。

為何說這是個假想的人？因為沒有人可以精通各國語言。大部份的研發人員只精通自己的母語和英文。而且，也沒有任何一個研發人員能夠隨時掌握世界上所有公開資訊的最新研究進展。因此，這個進步性審查是用一個想像的不存在的人的角度，來審查一個發明有沒有進步性。故這是一個非常嚴格的要件。

如上所述，審查官不是天才，審查官通常也只看得懂自己國家的語言和英文。所以，當臺灣的研發團隊提出專利申請，審查官只會查看中文的專利資料庫（包括臺灣與中國大陸的專利資料庫）和英語系國家的專利資料庫。假設審查官只找到接近的 2 篇中文文件和 3 篇英文文件。站在這 5 個先前技術的基礎上，審查官認為，申請的發明相對於先前技術的改良是夠進步的，故決定核准專利。

但是，等到專利核准公告之後，其他與專利權人競爭的廠商不服，決定提出挑戰。假設這是一家日本的廠商。日本的廠商找到日文的 3 篇專利申請案資訊，這 3 個文件是之前審查官看不懂也沒發現的先前技術。將日本的 3 個文件也納入先前技術的範圍

後，再次以假想的「所屬技術領域中具有通常知識者」，綜合判斷後，可能會認為這個申請案的改良的幅度很小，不具進步性。也就是說，因為先前技術的增加，而改變了進步性的判斷結果。

3. 誰可以申請專利？大學教授專利申請權的歸屬

誰可以申請專利？申請到的專利屬於誰？在專利法中，專利權歸屬於誰的規定，與著作權法的規定非常接近。

臺灣的專利權歸屬規定

最基本的規定是，若是獨立發明人，發明人自己完成的研發成果，自己就可以取得相關的專利權利。這裡講的相關權利，包括申請專利的權利，簡稱為「專利申請權」，以及申請到專利之後取得正式的「專利權」。

通常比較先進的技術，都需要大量的研發設備與資金，不太可能是獨立發明人自己完成的。這時候就要區分二種情況，一種是領固定薪水上班的「僱傭關係」；一種是企業出錢以計畫、case的方式委託他人研究的「出資聘請他人研發關係」。

第一種「僱傭關係」較為常見，規定在專利法第7條。例如科技公司聘請研發工程師，研發工程師領公司固定的薪水與獎金，員工屬於公司的研發人員，聽從上級的指示進行「職務上發明」。在上級指示下完成的職務上發明，專利的相關權利都歸屬於公司（雇用人）。

不過，倘若員工是在下班時間，自己從事自己感興趣的研發，這就不是「職務上發明」，研發成果就歸屬於員工自己，不歸屬公司。不過，縱使不是上級交辦，並非職務，但若研發者有利用到公司的研究設備或資源，這時候就會產生爭議。公司可能會主張，這仍然算是職務上發明，或者，就算不是職務上發明，既然用到了公司的研究資源，公司也要分一杯羹。實務上最怕員工跳槽離職，把研究到一半的東西帶走，等到研究完成之後再自己提出申請。因此，當員工主張這是非職務發明時，公司絕對會表示抗議，並採取法律動作。

　　第二種「出資聘請他人研發關係」，規定在專利法第 7 條第 3 項。常見的是企業委託大學教授協助進行研發，企業並非大學教授的老闆，雙方只是出錢拿錢的案件合作關係。這種出資聘請他人研發關係下所完成的研發成果的權利，一定要在契約上寫清楚，相關的專利權利歸屬於誰。如果沒有約定清楚，就會歸屬於拿錢的研發者。當然這對出錢的企業很不利。所以一般出錢的企業絕對都會寫清楚，權利要歸屬於出錢的企業。

美國的專利權歸屬規定

　　一般科技公司的研發工程師，與科技公司之間的關係，都是前述專利法第 7 條下的「僱傭關係」，而研發成果應該都屬於「職務上完成之發明」，權利歸屬於科技公司。

　　但是，幾乎所有科技公司聘請員工上班的第一天，都要員工簽署賣身契，約定在任職期間所完成的所有研發成果的智慧財產

權，都歸屬於科技公司。這裡有一個問題就是，既然臺灣專利法7條已經規定，僱傭關係下職務上發明都歸屬於公司，公司何必要逼員工在上班第一天就簽署這種法律文件？

原因在於，科技公司並不是只在臺灣申請專利，還會到其他國家申請專利，尤其是美國專利。而美國專利法與臺灣專利法規定不同。美國專利法規定，所有的專利權利，都歸屬於研發者（發明人）自己。並沒有臺灣第7條這種僱傭關係就當然歸屬於公司的條文。

在美國，研發成果雖然原則上歸屬於研發者（發明人）自己，但發明人也可以將專利的權利透過簽署契約轉讓給公司。所以，在美國科技公司要取得專利的權利，並非因為僱傭關係就當然可以取得權利，必須要員工簽署文件將權利轉讓給公司。但這種文件不能等發明研發出來才簽署，怕員工事後賴帳，所以要在員工上班第一天就簽署這種權利轉讓文件。

拉回臺灣，儘管臺灣專利法第7條有這種規定，但若要符合美國專利法的規定，科技公司還是要在上班第一天就讓員工簽署這種權利轉讓文件，以確保公司的權益。

大學教授的專利權歸屬認定

在大學中，教授是固定領學校的薪水，和學校之間是「僱傭關係」。那麼，大學教授完成的研發成果，是否屬於「職務上發明」？

這裡的關鍵在於，大學教授有沒有明確的研發職務？由於大

學教授大多都是獨立自主進行研究，上面沒有長官下達指示，要求一定要做哪方面的研究。所以，既然沒人指示，就很難說大學教授的研究是「職務上發明」。

但是，大學教授會申請校外或校內的研究計畫。不論申請校外或校內的研究計畫，在計畫經費管理上，都會進入學校帳戶，學校給一個編號，然後讓教授開始執行這個計畫，並向學校申請使用這個計畫的經費。

由於教授是在「執行」這個校內有編號的計畫，所以，雖然大學教授沒有一個長官下達研究的指示，但仍然在執行學校一個有編號的計畫，這仍然可以當作是在執行職務。雖然這個職務可能是大學教授自己爭取來的職務，但仍然算是職務。因此，大學教授執行計畫完成的研發成果，就屬於職務上發明，專利的相關權利歸屬於學校。

長庚大學案

2001 年 4 月，一名在長庚大學服務的大學教授 A，自行向智慧財產局申請一個「用於將上皮幹細胞展開在羊膜上的方法以及所得之移植物」發明專利，並取得專利權。事後，教授 A 於 2003 年 9 月離職。長庚大學在教授 A 辭職後才發現，教授 A 所申請的專利，是在任職期間執行國科會計畫所完成之研發成果。故長庚大學提起相關訴訟，主張應將該專利移轉回給長庚大學。

但教授 A 認為，大學教授之工作雖然包括教學、研究、服務，但不代表其所完成的所有研究均屬「職務上發明」。而且，

他執行的國科會計畫名稱為「基底膜對表皮層－基質層交互作用及對眼表層表皮細胞及分化及分泌細胞素的功能」，跟他申請的專利不同。

本案的關鍵在於，教授利用國科會計畫的經費進行研究，發表了多篇期刊論文，或申請多項專利，但如何認定哪一篇論文或哪一項專利，就一定是利用了國科會計畫的經費？一般來說，應該可以從教授申請國科會研究計畫補助之計畫主題、綱要與說明，以及其事後結案所提交之計畫執行報告與投稿論文內容為綜合的實質判斷。

這個案件法院判決認為，從計畫書的內容來看，和最後申請專利的內容，雖然都提到在羊膜上培養細胞的技術，但專利是講「活組織切片於羊膜上培養」，和計畫書、成果報告提到的「將含有幹細胞之輪部表皮細胞培養在羊膜」以及「培養在羊膜上的眼表層上皮之細胞激素表現」，並不完全一致，所以無法認定 A 教授的專利是執行這個計畫的成果。故最後判決長庚大學敗訴。

我認為，一般大學教授寫國科會研究計畫書，只是寫一個大致的方向，實際執行時因為沒有上級監督，所以可能會修正研究方向，或從原本的研究方向延伸到周邊領域。法官不應該從實際申請的專利與計畫書內容不完全一致，就認為不是計畫的研究成果。而這樣的判決結果，可能會讓大學教授心存僥倖，認為若執行計畫得到有價值的研究成果，只要成果報告不寫清楚，就可以主張此並非職務上完成之發明，而自行申請專利。

臺北醫學大學教授自行申請專利違反刑法？

2022 年 7 月，新聞報導，臺北醫學大學一名教授，被檢調搜索調查，認為該教授將在大學執行研究計畫的研究成果（有關幹細胞應用相關的研發成果），占為己有，並私自申請專利。報導指出，此涉嫌刑法上的業務侵占罪、背信罪。

根據前面的說明可知，雖然這些研發成果是大學教授自己研發出來的，但因為是在執行學校承接的國科會（科技部）研究計畫，國科會下放研發成果智慧財產權給學校，並不是給教授個人。所以教授個人不可以自己去申請專利，而應該由學校去申請專利。

新聞中的教授，沒有告知學校，自行將成果偷偷申請專利，因此新聞說可能會構成刑法上的業務侵占罪、背信罪等。也就是侵佔學校的專利申請權與（申請到的）專利權。

上面提到，智慧財產法院曾經判決，認為大學教授自己申請專利的「技術」，只是與國科會計畫書很接近，但並不完全一樣。因為在申請研究計畫時，只能大致說明可能的研究方向或預測可能的技術，但不能確定最終研究出來的技術一定長什麼樣。

我認為，這樣的判決意見容易產生漏洞，讓大學教授出現僥倖心理。只要教授最後研發成果的技術，並非最初計畫書預測的技術，按照這樣的判決，大學教授會主張，自己申請專利的技術，不是該計畫執行成果，也就沒有竊佔學校擁有的研發成果。

但大學教授不應存在此種僥倖心理，一旦走錯一步，就可能如新聞上報導，構成刑事犯罪，而身敗名裂。

參考判決

智慧財產法院 98 年度民專訴字第 153 號判決（99.8.30）

4. 大學校長吳茂昆申請大陸專利申請爭議

　　曾經擔任過教育部長 40 天的吳茂昆教授，之前曾擔任東華大學校長。在 2018 年 5 月，媒體報導吳茂昆教授的團隊向臺灣、美國、大陸申請「綏草萃取物」專利，但沒有由東華大學的名義提出申請，而是由美國師沛恩生技公司到大陸申請專利。這引發了是否有不當圖利私人公司的疑慮？也再次凸顯，大學教授沒有正確理解，計畫研發成果歸屬於學校的概念。

大學老師研發專利申請權歸屬於學校

　　第一個要釐清的問題，就是此「綏草萃取物」專利，專利申請權及專利權是否歸屬於東華大學？看起來，該綏草研究的經費，是「陳水來文教基金會」三次捐款給東華大學，金額 60 萬，指定進行綏草研究。東華大學的回應似乎是說，這是私人募款進行的研究。

　　實際上，不管研究經費來源是科技部、教育部、其他政府部會，或者私人捐款，只要捐款經費進入學校，再由學校以計畫名義交由某個校內老師與研究生執行，這都已經算是校內正式的計

畫執行，屬於「執行職務」，研發成果屬於「職務上發明」。故校內老師在執行校內計畫產生的研究成果，是執行職務產生的研究成果，專利申請權應該歸屬於學校，而非教師個人。

當然也有某些情況，捐款的私人企業在與學校進行產學合作時的簽約中，會事先約定將來研發成果的歸屬。這種私人公司若在產學合作契約中想事先約定，通常可能約定成果歸屬於該私人公司，或者約定由公司與學校共有。如果陳水來文教基金會當初捐款給東華大學，並沒有特別約定研發成果歸屬，那研發成果的專利申請權就是歸學校，而非歸給執行的老師和學生。執行的師生只是發明人，並非專利申請權人。

另外，由於吳茂昆團隊申請的是中國大陸專利。若看中華人民共和國專利法第 6 條對職務發明的認定，則更加明確：「執行本單位的任務或者主要是利用本單位的物質技術條件所完成的發明創造為職務發明創造。職務發明創造申請專利的權利屬於該單位；申請被批准後，該單位為專利權人。」若以大陸專利法的角度來看，更可確定吳茂昆等師生的研發成果屬於職務發明，申請權歸屬於東華大學。

大學老師可以自行申請專利再向學校報告？

吳茂昆部長公開聲明中說：「……而根據『國立東華大學研究發展成果及技術移轉管理實施辦法』的規定，發明人是可以在專利申請通過前、後，向學校的專技審議會申請。」

是否大學老師真的可以自行先申請專利，不用向學校報備或

取得學校同意？

東華大學研發成果要點第 6 點規定：「六、專利申請程序（一）發明人須填具「國立東華大學研發成果專利申請表」及「國立東華大學研發成果揭露書」，送專技委員會審議。……（三）經專技委員會審議未通過補助者，發明人得自行辦理專利權申請。」從這一點來看，必須經專技委員會審議未通過補助者，發明人才得自行辦理專利權申請。

吳茂昆部長可能依據的是第 7 點：「……（二）經專技委員會審議未通過補助者，或未經專技委員會審議徑以『國立東華大學』名義申請專利者，費用由發明人自行負擔。」吳部長似乎認為，這一條允許「未經專技委員會審議徑……申請專利」，也就是可以不用經學校同意，直接申請專利，事後再向專技委員會報告。

不過，該條文是說，「未經專技委員會審議，徑以『國立東華大學』名義申請專利」，所以，就算要直接自己申請，仍必須以國立東華大學名義自行申請。而且，同要點第 2 點已經開宗明義強調，歸屬於東華大學的研發成果，均應以東華大學為名義提出申請。

因此，縱使允許教師個人不先向學校報備或取得學校同意，就自行申請專利，也必須以「學校名義」提出申請。但吳茂昆部長並非以東華大學名義申請，而是在美國設立師沛恩生技公司，以「師沛恩生技公司」為名義申請。

國立大學申請大陸專利的困難

雖然法規規定專利申請權在學校，但是專利申請權可以轉讓。若因為申請大陸專利有所困難，有時候確實可以將專利申請權轉讓給老師個人或公司，由老師個人或公司提出申請。

吳茂昆部長聲明解釋：「想到中國申請專利，為避免各國專利申請費時，當時歐陽先生建議可以在美國申請所謂的 PCT 專利合作條約，亦即申請通過的專利就可以涵蓋包括美國、日本、中國、歐盟而不必個別國家申請。但臺灣並非該國際組織會員國而必須透過中國申請，這是我不能接受的。所以大家才會決定在美國成立一個公司，因此這個公司就單純是為了申請專利的目的。」

這份聲明也提到，以「國立東華大學」為名在大陸申請專利會遇到困難。事實上在中國知識產權局，以「國立大學」為名，確實不會被接受。因此，過去臺灣大學、臺北科技大學、雲林科技大學在大陸申請專利時，並不會寫「國立」二字，以避免受到阻礙。但是倘若「國立東華大學」不寫「國立」二字，會與大陸的高校「東華大學」產生混淆。因此，部分臺灣的國立大學與大陸高校有名稱重疊者，包括東華大學、交通大學、清華大學，若不願意掛上「國立」二字，也不願意掛上「臺灣」二字，確實就不方便以學校為名義在大陸知識產權局提出專利申請。

學校與老師宜清楚約定專利申請權轉讓及後續相關事宜

此時，比較好的做法，是國立大學可將專利申請權轉讓給老師，由老師以個人名義提出申請，亦避免產生名稱的困擾。前已說明，專利申請權可以轉讓，但必須以契約約定清楚相關權利義務。此時，學校應該與該老師簽訂契約書，一方面約定將專利申請權轉讓給該老師，二方面約定老師申請到專利後，專利權需轉讓或專屬授權回原大學。這樣會是比較妥當而周全的做法。

因此，倘若吳茂昆部長等師生，在思考申請大陸專利時，以「國立東華大學」為名申請會有困難，仍應該主動與學校研發處報備，簽署「專利申請權轉讓與相關事宜」等類似契約，將專利申請權由吳茂昆等師生進行申請，申請到專利後轉讓或專屬授權回東華大學。

吳茂昆部長解釋，是因為要透過專利合作條約（PCT）申請，而臺灣並非 PCT 會員國，無法從臺灣提出申請。所以他才成立美國公司，進而使用 PCT 的國際階段（international phase）提出專利申請，再進入到各國的國家階段（national stage）申請，包括向大陸申請專利。

對國立大學與大學老師來說，如果將來是為了避免申請大陸專利的困擾，而想以老師個人名義申請；或者想走 PCT 程序，由具有 PCT 會員國國籍之公司或個人名義提出申請，均建議大學老師需與國立大學間先簽署專利申請權轉讓契約，並約定好申請到專利之後的權利轉讓或專屬授權等事宜。

5. 專利說明書、請求項的撰寫

申請專利要撰寫一些申請文件，主要包括申請書、說明書、申請專利範圍（俗稱請求項）、摘要及必要之圖式。

專利說明書

申請專利時，最困難的，就是撰寫專利說明書、繪製圖式，以及撰寫申請專利範圍（俗稱請求項）。其實圖式也是寫在專利說明書中。

根據專利法施行細則的規定，專利說明書要依照下列順序撰寫：

「一、發明名稱。

二、技術領域。

三、先前技術：申請人所知之先前技術，並得檢送該先前技術之相關資料。

四、發明內容：發明所欲解決之問題、解決問題之技術手段及對照先前技術之功效。

五、圖式簡單說明：有圖式者，應以簡明之文字依圖式之圖號順序說明圖式。

六、實施方式：記載一個以上之實施方式，必要時得以實施例說明；有圖式者，應參照圖式加以說明。

七、符號說明：有圖式者，應依圖號或符號順序列出圖式之主要符號並加以說明。」

我們可以把寫專利說明書想成是在撰寫期刊論文，每家期刊都有自己的不同特殊格式，而專利說明書也有自己的特殊格式。上述專利說明書的要求，在內容上，與大多的論文寫作可能差不多，主要是要說明想解決的技術上的問題，而對這個問題過去採取的解決方式，說明有哪些先前技術。然後，說明現在發明人想出了什麼技術來解決這個問題，並且用該領域中的人可以看得懂的文字，對這個發明作詳細解釋，說明其運作原理。最重要的是，要一步一步詳細解釋，到底這個技術怎麼樣能夠做出來。

圖式與編號

這個特殊格式中，除了上述撰寫順序之外，與一般論文最不同的地方，就是要求要畫很多圖，透過一張一張的圖，把發明技術的特點表示清楚。尤其將這個技術怎麼做出來的，一步一步解釋說明，讓這個技術領域中的人可以看得懂，並且照著做也做得出這個技術。

在圖上要為每一個元件給予一個編號，編號的方式也很特殊。假設總共畫了六張圖，這六張圖都提到同一個元件，同一個元件的編號在六張圖上都要一樣。這樣看的人才知道，同一個元件（假設編號為 31），在不同圖的元件 31 的相對位置在哪裡。

以下我截取一個熱門產品「好神拖」申請新型專利時，說明書的相關圖式。前二張是旋轉拖把的圖，後二張是踩踏式離心脫水水桶的圖。

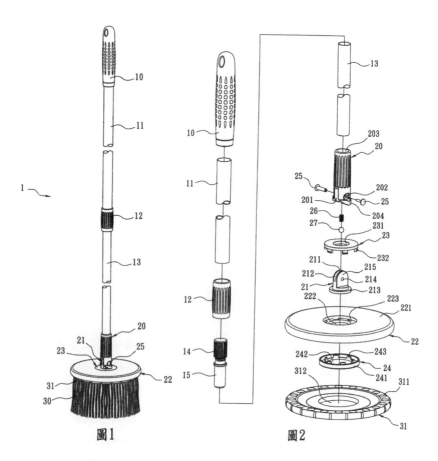

好神拖產品的旋轉拖把申請專利圖（中華民國第 M324490 號新型專利）

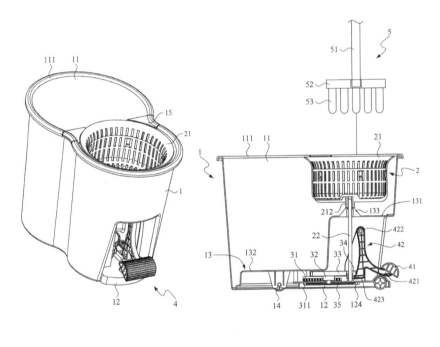

第一圖   第二圖

好神拖產品踩踏式離心脫水水桶圖（中華民國第 M338634 號新型專利）

充分揭露可據以實施要件

在撰寫上述說明書，以及各張圖式、編號時，法律上有一個要求，就是說明書要寫得很清楚，清楚到讓所屬技術領域中具有通常知識者，看了所寫的文字和圖式，能夠理解這個技術的原理。且照著文字搭配圖式說明的步驟，一步一步去做，也做得出相同的技術。

在法律條文上，寫的是：「說明書應明確且充分揭露，使該發明所屬技術領域中具有通常知識者，能瞭解其內容，並可據以實現。」（專利法第 26 條第 1 項）

請求項（申請專利保護範圍）

上述說明書、圖式等，其實都是技術方面的描述，雖然繪圖、編號上比較麻煩，但仍然屬於對該發明技術的說明。

申請專利要獲得的是法律上的保護，法律上要給予保護就必須確定保護的範圍。因此，雖然說明書詳細解釋了技術的內涵，但到底希望申請專利請求法律保護的範圍是什麼？這個時候要另外寫一個「申請專利範圍」，俗稱為請求項（claims）。這個申請專利範圍（請求項），就是最後要告他人侵害專利時，用來明確表達自己權利範圍的文字。故這個文字要寫的很精準，寫的比較像是法律，有時甚至有點像是文言文。

在專利法規定：「申請專利範圍應界定申請專利之發明；其得包括一項以上之請求項，各請求項應以明確、簡潔之方式記

載，且必須為說明書所支持。」（專利法第 26 條第 2 項）

之所以俗稱為請求項，是因為申請專利範圍就是對政府「請求」保護的範圍。而這個申請專利範圍，不會只寫一項（一個請求保護範圍），而會一次寫很多項，請求很多個保護範圍。如果只講某一個專利請求項，會用單數的 claim，如果泛指一整個專利案所有的「申請專利範圍」，則會用複數的 claims。但中文表述上沒辦法區分單數和複數。

通常，申請人會將研發成果最基本的形式，寫在請求項 1，例如最基本的形式只有五個基本原件。然後在基本形式上做一些變化、或增加一些功能，陸續寫在請求項 2、請求項 3 等等，例如請求項 2 增加了一個元件，請求項 3 又增加了一個元件，或對某個元件做了更詳細的說明。這種從簡單到複雜依序撰寫很多個請求項的方式，會先從最簡單、最基本的技術內容，慢慢增加、變化，到把各種不同範圍的技術，全部都納入專利保護範圍。

光用文字說明，很難讓人理解到底什麼是請求項。我把上述好神拖旋轉拖把的請求項文字，其中第 1 項到第 3 項，附在下面，讓讀者體會一下什麼叫做請求項。讀者也可以搭配上面的圖片，或自己看過的好神拖產品，想像一下，這樣的技術，如何寫成這個抽象的文字。

中華民國專利第 M345580 號新型專利（拖把改良結構）

請求項 1. 一種拖把結構改良，主要包括：**拖把桿**，係可供使用者握持；**拉簧**，其直徑係呈上寬下窄，且於下端設有與之垂直之勾曲部；套管，其管徑內壁係為上寬下窄形成一定位部，以供前述拉簧置入定位，於管徑外部左右延伸一側翼側翼下方分別設有一凸板，凸板適當處分別設有圓孔；**插桿及插桿套**；**圓盤**，其係概呈ㄇ字型圓盤外觀，於其外緣內壁係呈圓弧內凹，形成一卡合部，圓盤上部設有垂直向上之一對凸板，凸板上緣分別設有平切部並於適當處分別設有圓孔；**底盤**，其上部設有圓凸狀卡合部，於底部設有刷毛以供清潔地面；藉由前述部件，拉簧自套管上部置入，並定位於定位部，再將套管之凸板崁合於圓盤之凸板，藉由插桿將套管、拉簧、圓盤三者貫穿，並崁入插桿套，再將底盤之卡合部崁入圓盤之卡合部，再接合拖把桿與套管，即完成組裝者。

請求項 2. 如申請專利範圍第 1 項所述之拖把結構改良，在其中，套管係可沿插桿為軸心，與圓盤間以垂直方向進行 180 度旋動，當套管與圓盤呈 90 度角時，圓盤之平平切部即與套管之側翼下緣平整接合，藉由拉簧之作用力，迫使套管與圓盤維持垂直角度者。

請求項 3. 如申請專利範圍第 1 項所述之拖把結構改良，在其中，底盤與圓盤相互卡合時，底盤可帶動刷毛沿水平方向 360 度旋動者。

6. 典型的專利侵權訴訟

一家企業 A 如果申請到專利 X，且發現其他企業 B 的產品 Y，侵害了專利 X，企業 A 就可以對企業 B 提起侵害專利的訴訟。相對地，企業 B 在訴訟中，除了主張自己並沒有侵害專利 X 外，也可能會提出反擊，主張專利 X 根本不應該拿到專利，應該被撤銷。

專利侵害的判斷

上面說到，申請專利最後要撰寫「申請專利範圍」（請求項），之所以一定要用抽象文字寫出這個請求項，是因為在告他人侵害專利時，主要是看被告的產品 Y，有沒有符合專利 X 的請求項文字的描述。

假設專利 X 的請求項 1 可以拆解為五個要件 a、b、c、d、e。所謂的侵害專利，必須被告產品 Y 拆解成不同元件後，可以完全對應到上述五個要件。五個要件全部都具備，我們稱為**全要件原則**。如果缺少一個要件，就不構成侵權。

在全要件原則下，我們是拿被告產品的對應部分，看是否落入請求項的文字描述，稱為**文義侵權**。例如，如果被告產品 Y 也可以拆解為五個部分 1、2、3、4、5，且完全可以落入專利 X 請求項文字的這五個要件的文字描述，我們會說產品 Y 構成「文義侵權」。至於文字寫得太抽象，也許不同人有不同的理解，屬於解釋請求項文字的問題，必要時，可以參考說明書的說明，甚至

參考一般教科書或論文對相關文字的解釋。

　　有的時候，被告產品 Y 拆解的五個部分，雖然符合了專利 X 請求項 1 的其中四個要件（例如 a、b、c、d），但產品 Y 的第 5 部分並不完全符合請求項的最後一個要件（例如 e）。但專利權人可能會主張，是當初自己的請求項文字寫的太窄，沒寫好，但自己的說明書其實已經實質上描述了大概的技術。這時候，原告 A 可以主張，被告產品 Y 的第 5 部分，文字上雖然不符合 e 的文字描述，但實質上是差不多的東西，而主張產品 Y 的第 5 部分與 e 要件「**均等侵權**」（doctrine of equivalents）。

　　均等的意思就是實質上相等。若用美國法院的認定方式，會討論二者在技術手段上、功能上、效果上，是否實質相同。

文義侵權與均等侵權說明

原告專利 X	被告產品 Y	文義侵權	均等侵權
要件 a	元件 1	被告產品的每一個元件，都落入原告專利請求項每一個要件的文字描述	被告產品元件 1、2、3、4，可以落入原告專利 X 請求項的要件 a、b、c、d 的文字描述，但被告產品元件 5 不符合要件 e 的文字描述
要件 b	元件 2		
要件 c	元件 3		
要件 d	元件 4		
要件 e	元件 5		原告主張，被告產品元件 5 與請求項要件 e，二者在技術手段、功能、效果上，實質相同。

總之，在告他人侵害專利時，法院會比對被告產品與原告的專利請求項文字，先看是否會構成文義侵權。就算不構成文義侵權，原告也可能主張均等侵權，法院也會進一步判斷，被告產品是否構成均等侵權。

被告主張專利無效或應被撤銷

在典型的專利訴訟中，被告企業 B 不會被動地挨打，不會只抗辯自己的產品沒有侵權。企業 B 會更積極的挑戰，主張企業 A 的專利 X 不具備專利要件，智財局當初根本不該核准這個專利。企業 B 會用前面講的各種專利要件，包括新穎性、進步性，甚至撰寫說明書要具備的充分揭露可據以實施要件等，挑戰專利 X 的「有效性」。也就是說，企業 B 認為專利 X 根本不該被核准，現在應該被撤銷或被認定是無效的專利。

在臺灣，要主張企業 A 的專利 X 無效，有二個管道。一個是可以到智慧財產局對 X 專利提出「舉發」，主張這個專利應該被撤銷。第二個就是在企業 A 告企業 B 侵權的案件中，直接向法院提出質疑，要挑戰這個專利 X 的有效性，希望法院直接在這個侵權案件審理中，認定專利 X 是無效的。

專利權人
企業 A
專利 X

控告產品侵害專利

主張專利應無效或被撤銷

被告侵權者
企業 B
產品 Y

典型的專利訴訟

前面在說明專利要件的進步性時，已經提到，進步性的判斷是非常困難的。智財局的專利審查官一開始雖然核准這個專利，是因為只找到接近的 2 篇中文文件和 3 篇英文文件，只找到這 5 個先前技術。且是站在這 5 個先前技術的基礎上，認為這個技術具有進步性而同意核准專利。

但是，等到專利核准公告之後，企業 B 被控告侵權。企業 B 一定會想盡辦法挑戰企業 A 專利 X 的有效性。如前所述，假設企業 B 是一家日本企業。企業 B 在訴訟進行中找到並提出日文的 3 個先前技術。將日本的 3 個先前技術文件納入考量後，再次以假想的「所屬技術領域中具有通常知識者」的標準進行綜合判斷，可能會認為這個申請案的改良幅度很小，不具進步性。

所以，企業 A 明明一開始申請到有效的專利 X，拿去控告企業 B 之後，得到的結果，不但沒有告贏，反而自己的專利 X 被法院認定無效或應該撤銷。這個結果一定讓企業 A 很不服氣，而且覺得很奇怪，為什麼智財局有效核准的專利，到了法院卻被認為是無效的專利。如果讀者了解上面提到的，這是因為先前技術越找越多，最初智財局的審查官不可能懂各國語言，沒發現一些有關的先前技術，才會導致原本有效的專利，到後來因為找到更多先前技術文件，而又變成無效。

第14講
別小看設計保護

1. 設計權與設計專利保護

在現代文明社會中，消費者除了重視產品的實用功能外，也很重視產品的外觀美感設計。例如，消費者在購買一台汽車時，除了重視車子的性能、各種功能等，也非常重視車子的外觀造型設計。尤其男性在購買車子時，除了重視車子的性能、品牌外，也非常重視車子的外型帥不帥氣，與自己搭不搭配。

同樣地，女性在選購商品時，也非常重視商品的外觀設計。例如，女性在購買包包時，除了重視包包的實用功能、品牌外，更重視包包的整體外型設計、配色等。

因此，產品的外觀設計，越來越受到消費者的重視。而好的漂亮的設計，也成為吸引消費者選購商品的重點。越大的企業也越重視產品的外觀設計，他們也會希望自己投入時間精力設計出好看的產品，這個產品外觀設計可以獲得法律上的保護。

獨立的設計法

產品外觀設計的法律上保護，在不同國家採取不同的保護制度。大部分的國家，都認為應該為產品外觀設計獨立制定一個法律，通常稱為「設計法」（Design Act）或「設計保護法」（Design

Protection Act）。歐洲國家、日本、韓國等國家，都很重視產品的外觀設計，採取的法律保護方式，就是以獨立的「設計法」或「設計保護法」進行保護。而受到保護的權利，就稱為設計權（Design Rights）或設計保護（Design Protection）。

設計專利

少數國家是將設計的保護，放到專利法中，當成一種「設計專利」。例如美國就是如此。而臺灣、中國大陸，也是採取這種方式。臺灣稱為設計專利，中國大陸稱為外觀設計專利。

其實將產品外觀設計保護放到專利法，有點格格不入。因為產品外觀設計重視的不是技術，而是產品的外觀。所以在申請設計保護時，並不需要像發明專利的說明書內容寫這麼長，只需要簡短的寫一些設計的重點。也不需要像申請發明專利寫出申請專利範圍（請求項），只需要附上產品外觀設計圖，透過設計圖來表示設計上的重點。而設計的保護範圍是依據所附的設計圖來判斷，而不是依據請求項。

保護期間

在臺灣，設計專利保護期限，原本是保護 12 年，在 2019 年修法後，延長到保護 15 年。世界上其他國家，有給設計權更長保護者。歐盟的所有國家，對設計權都給予 25 年的保護。臨近的韓國、日本，都保護超過 20 年。韓國於 2004 年修法，將設計保護期限從 15 年延長保護到 20 年。日本於 2006 年修法，從 15

年延長保護到 20 年；在 2020 年起，又延長保護到 25 年。

　　一般我們常說，臺灣在工業產品上以代工為主，較少自有品牌。既然都是代工，如果對產品外觀設計的保護期間太長，對臺灣自己的代工產業不利。跟臺灣一樣都是以代工為主的國家，對設計給予的保護時間也比較短。例如中國大陸對外觀設計專利給予的保護時間，從 2021 年起改為 15 年，與臺灣一樣。但與歐、日、韓等重視產品外觀設計的國家來說，相比之下仍然較短。

　　我們或許可以思考，若臺灣某些產業，有較高的自有品牌或自主設計的比例，其實可以考慮延長設計專利保護期限。這樣對自有品牌或自主設計行業可提供較高的保護，鼓勵該產業繼續投入產品設計能量，開發出外型美觀的新產品，提升產品競爭力。因此，或許臺灣可以修法，針對不同產業別，視其自有品牌或自主設計的比例，給予不同的設計專利保護期限，例如某些產業保護期限延長到 20 年。

設計權保護期間

國家	歐盟成員國家	韓國	日本	臺灣
保護期間	1998 年設計指令最長 25 年	原 15 年	原 15 年	原 12 年
	2001 年歐洲共同體設計規章最長 25 年	2004 年改為 20 年	2006 年改為 20 年 2020 年延長保護到 25 年	2019 年改為 15 年

2. 陶瓷商品的設計專利權歸屬

陶瓷藝術家的創作，如果是作為一個商品的外觀，可以根據專利法申請「設計專利」的保護。例如，特殊造型的陶瓷茶壺、茶杯、酒壺、酒杯、碗、盤等，只要商品外觀上的形狀、花紋、色彩或其結合具有「創作性」，有別於傳統常見的外觀，就可以申請設計專利。要強調的是，不是只有陶瓷產品的「形狀」，才能申請設計專利；如果陶瓷表面的「花紋、紋路、色彩或其結合」，較為特殊，過去未見過也具有創意，就可以申請設計專利。

權利原則上歸屬於設計人

專利法第 5 條規定，「專利申請權」（提出申請的權利）和申請到後的「專利權」，原則上應該歸屬於「設計人」自己。也就是真正想出、畫出該設計圖的設計者自己。著作權法也採類似規定，著作（設計圖）的著作權，原則上歸屬於完成創作之人。

倘若是公司聘請員工擔任設計者，支付固定月薪，老闆會認為，平常已經提供員工薪水，則員工想出來的設計，權利應該歸屬於公司或老闆。故專利法第 7 條規定，受雇人於職務上完成之設計，專利權歸屬於雇用人。著作權法第 11 條也是如此規定。

更常見的情況是，許多設計師、藝術家自己有一個小型工作室，自己就是老闆。工作室偶爾會接受外面公司的出資委託（一筆生意），由外面公司出錢，支付報酬給工作室和設計者，工作室或設計者特別替外面公司進行產品設計。

此時屬於法律上所講的「出資聘人完成創作」，而專利權和著作權的歸屬，主要是看雙方的約定。但有時雙方不懂法律，沒有在契約中約定清楚。根據專利法第 7 條第 3 項和著作權法第 12 條，倘若沒有約定清楚，權利就屬於設計人（創作人）。雖然外面公司是這個專案的出資者，設計完成的設計或設計圖，

設計師設計作品的著作權與設計權歸屬

	著作權法	設計專利（專利法）
設計人自己創作	第 10 條 著作人於著作完成時享有著作權。	第 5 條第 2 項 專利申請權人，除本法另有規定或契約另有約定外，指……設計人或其受讓人或繼承人。
設計人受雇於公司	第 11 條 受雇人於職務上完成之著作，以該受雇人為著作人。	第 7 條第 1 項 受雇人於職務上所完成之……設計，其專利申請權及專利權屬於雇用人，雇用人應支付受雇人適當之報酬。
設計人接案，替外面公司專案設計	第 12 條第 1 項、第 3 項 出資聘請他人完成之著作，除前條情形外，以該受聘人為著作人。但契約約定以出資人為著作人者，從其約定。 依前項規定著作財產權歸受聘人享有者，出資人得利用該著作。	第 7 條第 3 項 一方出資聘請他人從事研究開發者，其專利申請權及專利權之歸屬依雙方契約約定；契約未約定者，屬於發明人、新型創作人或設計人。但出資人得實施其發明、新型或設計。

出資者仍然可以使用這些設計。但是外面公司並非這個設計的權利人。

出資人與設計人的權利歸屬案例

假設一種典型的情況。有自主品牌的 A 公司（老闆 B），委託 C 設計師進行一款產品的設計，並請 C 的工作室代為製作 1000 個產品。A 公司支出了一筆可觀的費用（100 萬），包含設計費和 1000 個產品的費用。A 公司在產品開發期間，老闆 B 有和 C 溝通產品希望的大致構想，但主要的設計都是由 C 設計師自己完成。

C 完成幾個設計方案之後，提報給 A 公司，經 A 公司和 B 老闆挑選出最喜歡的方案後，C 把最終設計圖交給 A 公司，C 的工作室也準時交付 1000 個產品。產品推出之後，市場反應不錯，A 公司想要繼續生產 10000 個產品。但是，A 公司覺得，C 的工作室的製作成本太高，決定將後續產品的生產製作，交給別家代

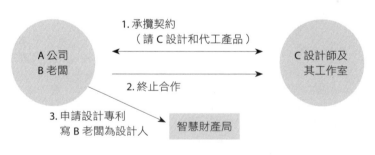

典型的出資人與設計人的權利歸屬爭議

工的公司製作。而 A 公司也同時將設計圖提出設計專利申請，想要取得這款設計的保護。C 設計師發現，不但沒有接到後續的產品代工訂單，連自己的設計圖，都被 A 公司申請取得設計專利，感到非常氣憤。

上述情況是一個典型的情況。最有名的例子，是鼎泰豐與寶來文創公司之間的爭議。鼎泰豐一開始委託寶來文創進行設計周邊商品，也請寶來文創代工製作產品。但多年後，鼎泰豐決定更換代工廠商，因而引起爭議，雙方對簿公堂。雙方間主要是爭執著作權和商標的權利歸誰。最後法院認為，根據著作權法，這種「出資聘人完成創作」，沒有以契約清楚約定權利歸誰，那麼設計的著作權就是歸於寶來文創。

同樣的問題，也會出現在涉及設計專利的情況。不過，設計專利與著作權有一個最大的不同點，那就是著作權不用向行政機關（智慧財產局）申請登記，但設計專利權需要向智財局申請登記。而申請時，需要填寫設計人的名字，註明設計人與申請者（公司）間的關係。因此，上述 A 公司申請時，為避免無謂的困擾，不想寫 C 為設計人，而決定寫 A 公司的老闆 B 為設計人。

A 公司的老闆 B 並非真的設計者，真的設計者是 C。本案的問題不僅是設計人名字亂寫（明明是 C 設計的卻寫成 B），而是設計專利權也可能不歸屬於 A 公司。

因為，A 公司出資聘請 C 設計師從事設計創作，只有講好支付設計費和 1000 個產品的費用，但沒有明確約定設計成果的權利歸屬於誰。既然沒有約定清楚設計成果的權利歸屬於誰，根據

專利法第 7 條第 3 項，設計專利申請權與專利權應該歸屬於 C。

設計專利歸屬爭議的訴訟

上述案例，就是 2017 年智慧財產法院 105 年度民專訴字第 49 號民事判決所發生的真實故事。該案中，阿里山製酒公司委託協眾國際公司設計並製作酒瓶。協眾國際現在對外的品牌叫作「瓷林」。雙方結束合作關係後，協眾國際發現，阿里山製酒公司自行將酒瓶設計申請設計專利，並將設計人名字填寫為公司負責人名字。因此，協眾國際提告阿里山製酒公司，主張該設計專利應該歸屬於協眾國際公司。

中華民國設計專利 D154363 號代表圖

被告阿里山製酒公司無法提出證據，證明酒瓶的特殊瓶身為自己所構想。相反地，協眾國際提出屢次的設計草圖，且也提出與被告之間的信件往來，說明委託設計與製造的經過。因此，法院根據證據作出判決，原告協眾國際才是真的設計人，被告只是出資委託設計與製造。至於設計權利的歸屬，根據專利法第 7 條的 3 項，出資聘人完成專利，未約定權利歸屬時，權利就歸屬於設計人。因此法院判決此設計專利的權利人，應移轉登記為協眾國際。

　　雖然原告透過訴訟贏回專利權，但根據專利法第 7 條的 3 項後段，出資人雖然沒有取得專利，仍可以實施其設計。也就是說，被告阿里山製酒仍然可以使用這款設計生產酒瓶，且不會侵害協眾國際的設計專利權。

　　從這個案件可以知道三個重點。①設計人務必要保留每一次的設計草圖、紀錄設計過程。②設計人與出資委託人之間的往來溝通，要保留通訊紀錄，包括 email 文件。以備將來有爭議時可以提出作為證據。③設計人在接受出資者委託設計時，法律上建議雙方約定清楚設計完成後的成果（包括著作權和專利權）權利歸屬。但若沒有約定清楚，權利就屬於設計人。

參考判決

> 智慧財產法院 105 年度民專訴字第 49 號民事判決（106.08.25）

3. 臺灣要不要引進設計保護維修豁免條款？

　　每一台汽車的外觀造型，都有自己的設計風格，以吸引消費者的購買。這些設計也都可以申請設計專利之保護。除了整台車的整體外觀設計可以申請設計專利；此外，車上的某個部位，例如後照鏡、車燈、水箱護罩、輪圈等，都可以獨立申請設計專利保護。

　　既然車上的獨立零件，例如後照鏡，可獨立受設計專利保護。那麼，當你的愛車的後照鏡被人撞壞時，要更換新的後照鏡，該後照鏡因為受設計專利保護，所以必須購買原廠或原廠授權製造的零件，售價可能就比較貴。

　　某些國家的人民認為，既然在購買新車時，整個新車都給車廠賺過一筆錢，這筆錢已經包含設計的費用了；之後在維修後照鏡時，為何還需要再付一次後照鏡的設計費給車廠呢？也就是說，他們認為，車用維修零件應該不再受到設計權保護。所謂汽車維修零件不再受到設計權保護的意思，就是非原廠公司也可以製造銷售這些汽車外觀零件，而不會被原車廠控告侵害其設計權。

　　最早是英國，決定在設計保護中，對外觀維修零件不給予設計保護。後來推廣到歐盟，在歐盟的共同體設計保護規章中，有納入一個維修免責條款，亦即若是對於複合產品的維修用零件的製造銷售，可以豁免於侵害該產品的設計權或設計保護。

　　近年來，連法國、德國等汽車製造大國，也決定修改設計權

保護的法律，對外觀維修零件不給予設計保護。法國的理由是出於環保。如果原車廠對多年以前出廠的車款的修車零件，賣得太貴，甚至不再提供原廠零件，將導致消費者認為與其修車這麼貴，乾脆改買一台新車，而造成資源利用的不環保。而德國修法的理由是基於消費者保護，認為消費者在購買一台車子之後，修車是消費者的權益，買到便宜零件也是消費者的權益，所以修法讓製造修車零件的廠商豁免於侵害設計權。

反觀臺灣，臺灣為汽車零組件製造銷售大國，在專利法中的設計專利，卻沒有維修免責條款，對臺灣的這些汽車零組件產業不利。例如，賓士汽車製造商德商戴姆勒股份有限公司（Daimler AG），於 2017 年 3 月 9 日，向臺灣智慧財產法院，對臺灣的帝寶工業公司所製造的車燈，提告侵害其設計專利。由於臺灣專利法沒有外觀零件維修免責規定，所以法院判決德商獲勝。

這個個案中，法院認為自己不能修法，沒辦法直接處理這種應該修法的政策問題。但上訴到最高法院之後，最高法院回到設計專利申請與侵權認定的基本問題，認為一審二審判決有一些地方沒有查清楚，將案件發回二審法院。

主要爭執的第一個問題是，當初德國戴姆勒公司申請車燈專利時，提出的是多張產品照片，而非清楚的線條設計圖或現在常使用的立體設計圖。這麼多張照片彼此的對應關係不清楚，會導致按照申請設計專利的照片做出來的產品比例有可能出錯。這因而會被挑戰，設計保護範圍不明確而導致設計專利無效。

第二個問題是，車子有美規車和歐規車（非美規車），通常

美規車子比較大或長，歐規車比較短小。而德國戴姆勒公司的這款賓士車，也有分美規車和歐規車。當初來臺灣申請設計專利所附的照片，可能是歐規車（非美規車）的車燈。但被告帝寶工業所做的車燈，部分是美規車的車燈。因此最高法院指出，在侵權比對和計算損害賠償時，應該將二者區別，不能將美規車的部分直接認為侵權或計算損害賠償。

總結來看，各國其實應該考量各國的產業發展，而調整自己的設計保護制度以及豁免的空間。在帝寶車燈訴訟案進行期間，也有立法委員推動要修改臺灣專利法，引入維修豁免條款。因為2024年初立委改選，原本提出的修法草案因立委改選必須全部重來。

但從這段期間的討論得知，政府似乎不支持這樣的改革。政府提出的一個理由是，雖然我們沒有汽車自主品牌，但我們有機車自主品牌。若引入設計專利維修豁免條款，中國大陸和東南亞的便宜的機車零件就會傷害臺灣的機車品牌廠商。這個理由表面上好像有道理，但其實我們可以為不同產業設計不同的規定。例如，我們現在關心的是汽車零件的問題，因為臺灣的汽車自主品牌少，但汽車零組件產業多，所以我們可以修法引入設計維修零件豁免條款時，只開放汽車外觀零件的維修豁免，但不要開放機車的維修零件豁免。

另外一個政府不想推動這個修法的理由，個人推測，是避免美國、日本政府的反彈。臺灣與美國、日本政府比較友好，在專利制度的修改上會參考美國、日本法規外，也會重視修法對這些

國家的衝擊。由於日本和美國也是汽車製造大國，且日本和美國目前都沒有為設計權創造這種維修豁免條款，臺灣政府可能怕引起美國、日本政府反彈，也不想推動這樣的修法。

參考判決

(1) 智慧財產法院 106 年度民專訴字第 34 號判決（108.08.16）
(2) 智慧財產及商業法院 108 年度民專上字第 43 號判決（111.07.14）
(3) 最高法院 112 年度台上字第 9 號判決（112.10.04）

第15講

智財權擴張？公平交易法／營業秘密法

　　典型的三個核心智慧財產權，主要是著作權、商標權、專利權。除此之外也有一些其他智慧財產的保護法規。本講要介紹智慧財產權的補充性保護，主要介紹公平交易法與營業秘密法。而且這些補充性保護有時會有過度擴大智財保護的問題。一方面會讓智財權保護的標的（對象）不明確，二方面會讓人不想使用三個核心智財權制度，而改用這些替代保護制度。

1. 公平交易法的補充保護

　　公平交易法主要由二部分組成。第一部分叫作「限制競爭」，涉及到整個市場的大廠商的競爭問題，也會影響到產品的價格，在外國稱為反托拉斯法或競爭法。

　　第二部分叫作「不公平競爭」，在外國稱為不公平行為，包括廠商間彼此搶生意的不公平手段。廠商間搶生意的不公平競爭行為，不必是大廠商，也不太會影響市場中產品的價格。但既然是一種不公平的搶生意手段，也應該禁止。

　　我們之所以要保護智慧財產權，是認為一家公司為了營業努力做創意發想，應該獲得保護，而這些創意不該被另一家公司免費拿去用。在公平交易法中，對於不受著作權法、商標法保

護的創意，可以用公平交易法的不公平競爭的規定，禁止對方拿去用。

可保護著名的未註冊商標

其中，有二個條文可作為智財權的補充保護。

第一個是公平交易法第 22 條，對「著名」的產品服務的「外觀表徵」，給予保護。凡是一個商品或服務在外觀上任何讓消費者可以記得的特點，就是所謂的外觀表徵。這一個條文實際上保護的與商標法要保護的商標幾乎一樣，但商標法保護的是「註冊」的商標，而此一條文所保護的「外觀表徵」，就是「未註冊」的商標。

因此，我們可以說，商標法採取註冊保護主義，保護註冊的商標；而公平交易法可以對商品服務外觀上令消費者留下深刻印象、看到之後可以認出商品服務來源的外觀表徵，給予保護。既然公平交易法可以對未註冊的商品服務外觀表徵給予保護，如此一來，企業不就不用去申請商標註冊了嗎？所以這一個保護必須限縮，僅限縮保護「著名」的外觀表徵。也就是說，公平交易法第 22 條僅保護著名的未註冊商標。

搾取他人努力成果

第二個條文是公平交易法第 25 條，其規定「事業不得為其他足以影響交易秩序之顯失公平之行為」。這裡的顯失公平，根據公平會的解釋，包括「搾取他人努力成果」。何謂他人努力成

果？就是其他事業努力創意發想或經營而累積的一些創意成果。這些創意成果可能沒有受到其他核心智財權的保護，卻可以用這一條來禁止其他公司使用我的創意成果。

舉例來說，一個外國公司 A 的名牌包 X。這個包包的造型設計很有特色，照理說 A 應該去申請設計權或設計專利的保護，但外國公司 A 沒有申請設計保護。當臺灣公司 B 模仿設計包款的造型時，這個外國公司 A 可以用公平交易法第 25 條，認為這屬於「榨取外國公司設計包款造型的努力成果」，而請求法院禁止生產銷售以及賠償。

例如，智慧財產法院 107 年民著上字第 15 號判決就是這類案件。在該案中，法官認為，包款造型設計不是美術著作，不受著作權保護；但可以用公平交易法第 25 條「顯失公平行為」中的「榨取他人努力成果」的概念，認為被告模仿外國名牌包款造型設計的行為，是一種榨取他人努力成果之不公平競爭行為。

反思

在上述外國名牌包案例中，須要注意的是，其實這個所謂的外國名牌，在臺灣並非這麼有名。而他們的包款造型，在臺灣也不是很有名的包款。如果真的是很有名的包款造型，可以直接用公平交易法第 22 條，認為是一種「著名的產品外觀表徵」，來控告侵權。

但這個案件中，原告既沒有申請設計專利保護，沒辦法用設計專利來提告；包款造型在臺灣也不夠有名，沒辦法用公平法第

22 條提告。故原告改用公平法第 25 條提告。而法院竟也認為，可以用公平法第 25 條，認為被告臺灣公司是對外國公司的設計努力成果的榨取。

如此一來，許多本來應該使用其他智財權制度，或者應該符合智財權保護要件才能獲得保護的創意成果，一方面可以放著其他智財權制度（設計專利制度）不使用，二方面也不符合其他智財保護門檻（例如不符合公平法第 22 條對未註冊產品外觀表徵的保護門檻），卻都可以用公平法第 25 條提告。導致，公平法第 25 條就會被過度擴張，甚至掏空了原本其他智財保護制度的設計。

實際上，有些國家雖然有類似這種「榨取他人努力成果」的補充規定，但都有所限縮。但是臺灣的操作結果，卻無限放大這一條適用的範圍，成了臺灣智財權保護的擴大條款。個人認為，這樣的操作必須反省與限縮，不然我們所制定的智財權制度與保護要件，都會沒有意義。

參考判決

智慧財產法院 107 年度民著上字第 15 號判決（108.10.17）

2. 營業秘密與合理保密措施

竊取他人公司的營業秘密，也是一種不公平的商業競爭行

為。臺灣在 2013 年才制定營業祕密法。在那之前，營業祕密的保護，也是放在公平交易法中。到 2013 年時，臺灣正式制定了營業祕密法，對營業祕密的保護有了更完整的規定，尤其規定侵害營業祕密會有刑事責任與民事賠償責任。

營業祕密三要件

營業祕密保護的標的為「方法、技術、製程、配方、程式、設計或其他可用於生產、銷售或經營之資訊」。所以任何做生意的資訊，只要符合下述三要件，都算是營業祕密。跟前一單元所述的「榨取他人努力成果」一樣，只要是某種努力成果或資訊，都可以保護，未必須要是特別高科技、前端的技術資訊。

營業祕密的保護有基本的三個要件，分別是①秘密性、②經濟價值、③合理保密措施。第一是秘密性，要求這個資訊是秘密的，在業界沒有公開也不容易取得。第二是經濟價值，乃要求這個資訊是具有商業上的價值。第三是合理保密措施，是要求企業自己要認真保護自己的資訊，才能展現出這個資訊是值得法律保護的。倘若企業的資訊讓任何員工都可以輕易取得並且可隨意傳送出去，自己都沒有認真保護，國家也不需要保護你。

例如，兩家補習班彼此有競爭關係，A 補習班的名師 a 之所以很受歡迎，是因為自己有一套完整的考古題資料庫，每年可從這個完整的考古題資料庫中進行分析，挑出今年考題趨勢的最重要的 10 個題型。別家補習班要猜題 50 個題型，但名師 a 去蕪存菁後只需要挑出 10 個最重要考題，不但可以打通學生的任督二

脈，猜題命中率也很高。

B 補習班為了提升招生，也想提升自己考前猜題的命中率。因而 B 補習班派遣一名年輕老師 b 到 A 補習班去偷名師 a 存在筆電中的資料庫檔案，又派了學生 c 到 A 補習班上課，拿到今年名師 a 的 10 題猜題講義。b 和 c 分別取得資料庫檔案和猜題講義後，轉交給 B 補習班。

請問這個名師 a 的考古題資料庫和猜題講義是否為營業秘密而受到保護？這就要看是否符合營業秘密三要件。

就考古題資料庫來說，如果這整個資料庫包含了各個來源的考古題，且在資料庫中也對這些考古題做了標註、分類、分析等。那麼，這個資料庫確實具有經濟價值。這整個資料庫只存在名師 a 的筆電中，非外界能夠輕易上網取得，也具有秘密性。名師 a 的筆電也不隨便給別人使用，有帳號密碼設定，應該可以認定屬於合理保密措施。因此，年輕老師 b 竊取這個考古題資料庫的行為，侵害了營業秘密。

其次是名師 a 今年分析出的 10 題猜題講義。雖然這 10 個考題個別都可以在不同的書中找到，但名師 a 之所以今年分析出這 10 題，是經過各種分析，化繁為簡去蕪存菁，具有經濟價值。

但是，其不具有秘密性和合理保密措施。因為，每個花錢來上課的學生都可以取得這份講義，在上課後也沒有將 10 題猜題講義回收，或禁止學生用手機拍攝。名師 a 的講義不具有合理保密措施。故不符合最後一個要件，而無法受到營業秘密保護。

高科技公司對員工的合理保密措施

在高科技公司上班，往往會簽署一份「保密協議」與「智慧財產權歸屬協議」。這份保密協議非常重要，員工在離職時要注意，要將所有原公司的檔案、記錄都刪除乾淨，避免被前公司控告侵害其「營業秘密」，而吃上刑事責任。

2020年6月，臺中地方法院發佈新聞稿，判決臺灣聯華電子公司（簡稱聯電）及其員工侵害臺灣美光公司的營業秘密，判決三名員工各要負四年到六年不等的刑事責任，且聯電公司要繳交一億元罰金。

臺灣的聯電公司的三名員工中的二名員工，原本是臺灣美光公司的員工，與臺灣美光公司簽署了「保密及智慧財產合約」，約定當僱傭關係終止時，「應將當時擁有或掌控之機密資訊（包含營業秘密）之文件、紀錄、筆記本或其他可存放機密資訊之物品留給公司，包括其複本與以紙本及電子方式保存之資訊；若（被告）何〇〇在非臺灣美光公司之財產上存有機密資訊，應將此等機密資訊返還，並銷毀任何其擁有或掌控之複本。」

但這二名員工，在離職之前，據法官認定，曾使用公司帳號，到公司雲端資料庫，下載美國美光公司的檔案，並下載到硬碟中。法官並認定，二名員工在離職後沒有銷毀該電子檔，並將這些資料在離職後帶到新公司聯電公司使用。並告知聯電公司的一名主管。

一般侵害營業秘密，刑事責任為五年以下有期徒刑；但若涉及「意圖在外國、大陸地區、香港或澳門使用」而侵害營業秘

密，則可處一年以上十年以下有期徒刑。這則案件中，聯電公司之所以使用美光公司的資料，是因為其與大陸福建省晉華集成電路有限公司（簡稱晉華公司）協議，協助晉華公司進行 32 奈米 DRAM 及 32S 奈米 DRAM 相關製程技術開發。因而，根據營業秘密法則可加重到十年以下有期徒刑。

營業秘密的三要件中，有一個合理保密措施。這則案件中二名離職被告，提出的抗辯是，他們在離職時，臺灣美光公司並沒有告知他們要刪除檔案，也沒有檢查他們的筆電或個人隨身硬碟等，也就是說，臺灣美光公司自己並沒有採取「合理保密措施」。

我們從這個案件中可知，作為科技公司，應該將保密措施做得更加完善，如果真的認為是營業秘密，就應該對員工的檔案存取、流向管控得更加嚴格。做為科技公司員工，也要小心不要將公司的檔案存到自己的電腦、雲端或隨身碟中，以免將來離職後還被前公司追殺。

參考判決

臺灣臺中地方法院 106 年度智訴字第 11 號判決（109.06.12）

3. 營業秘密與專利法的比較

如果是高科技公司的技術，為何不去申請專利，而要用營業秘密法保護呢？以下先以一表格比較二者的差異。

專利法與營業秘密法比較

	專利法	營業秘密法
保護標的	利用自然法則之技術思想創作	係指方法、技術、製程、配方、程式、設計或其他可用於生產、銷售或經營之資訊
保護要件	產業利用性 新穎性 進步性	經濟價值 秘密性 合理保密措施
是否申請審查	須申請審查	不需申請審查
是否需要公開	需要公開	不需要公開
保護期間	申請日後 20 年	沒有時間限制，直到喪失秘密性
侵權責任	民事賠償、禁止製造銷售	民事責任 刑事責任

營業秘密與專利最大的不同在於，專利取得必須先撰寫專利說明書、圖式、請求項，向政府申請、審查，好不容易才能取得專利保護。相對地，營業秘密的取得是自動取得，不需要跟政府申請審查，只要企業內部有這個營業秘密的資訊，都可以自動獲得保護。而且，申請專利要將專利說明書公開，但營業祕密保護自動取得，不需要公開任何資訊。專利申請到只保護 20 年，但營業秘密只要在業界仍是秘密，就可以一直受到保護，沒有時間限制。更重要的是，侵害專利只有民事責任，但侵害營業秘密有刑事責任。有刑事責任的好處在於，可以利用檢察官的力量，蒐

集對方侵害的證據，逼使對方和解賠償。

對高科技公司來說，什麼東西要申請專利？什麼東西要用營業秘密？會對外販售的產品，只要產品一販售出去，競爭對手買到，可以拿回去拆解研究，就可以很快了解你的技術所在。由於產品內容一旦販售就會喪失技術的秘密，這種東西就應該申請專利，獲得 20 年的保護。

相對地，其他製造產品、銷售產品的內部資訊，並不會因為產品銷售而將技術公開，就可以不用申請專利，而享有營業祕密的保護。例如，高科技公司對於某些技術的「尖端製程」，亦即產品的製造方法，並不會因為產品的對外銷售，其他公司就知道我們的內部製程。故這類的製造方法，可以利用營業祕密的保護。若其他公司來竊取這種尖端製程的資訊，就可以向檢察官提起告訴，由檢察官以刑事訴訟的方式，幫忙保護營業秘密。

發明專利的取得如此困難，取得之後的法律保護只有民事責任。而營業祕密的保護取得只要加強合理保密措施，就可以取得保護，保護的門檻相對容易。而取得營業祕密保護之後，他人侵害時有刑事責任，可以請檢察官以國家的力量來協助調查，逼對方和解賠償。二者的保護強度為何有這麼大的差異？我們必須反思，是否所有的營業祕密都需要有刑事責任？

實際上，在某些國家，只有針對為外國企業竊取營業秘密的時候，才有刑事責任。這種為外國企業竊取營業秘密的行為，可稱為經濟間諜。在某些國家，若不涉及為外國企業竊取營業秘密，就只提供民事責任，而沒有刑事責任。例如英國、法國、瑞

士和澳大利亞，對不涉及為外國竊取營業秘密的情況，主要只有民事責任。

4. 農業技術也是國家核心關鍵技術？

2022 年 5 月 20 日立法院三讀通過國家安全法，新增第 3 條關於「國家核心關鍵技術之營業秘密」的保護。其修法理由中提到，其對營業秘密採取了四個層級的保護架構。其區分為：

⑴「一般侵害營業秘密罪」（營業秘密法第 13 條之 1 第 1 項規定）

⑵「一般營業秘密之域外使用罪」（營業秘密法第 13 條之 2 第 1 項規定）

⑶「國家核心關鍵技術營業秘密之域外使用罪」（國家安全法第 8 條第 2 項規定）

⑷「為外國等侵害國家核心關鍵技術營業秘密罪」（國家安全法第 8 條第 2 項規定）。

這四個層級的保護以下表呈現。

四級營業祕密保護

	在哪裡使用	刑事責任	條文依據
非核心關鍵技術	臺灣使用	5 年以下 100 萬至 1000 萬	營業秘密法第 13-1 條
非核心關鍵技術	意圖在外國、大陸地區、香港或澳門使用竊取營業秘密	1 年以上 10 年以下 300 萬以上 5000 萬以下	營業秘密法第 13-2 條
國家核心關鍵技術	意圖在外國、大陸地區、香港或澳門使用	3 年以上 10 年以下 500 萬至 5000 萬	國家安全法第 3 條第 2 項 第 8 條第 2 項
國家核心關鍵技術	為外國、大陸地區、香港、澳門、境外敵對勢力或其所設立或實質控制之各類組織、機構、團體或其派遣之人	5 年以上 12 年以下 500 萬至 1 億	國家安全法第 3 條第 1 項 第 8 條第 1 項

　　這四個層級的分類，主要的優點是將營業祕密刑事責任的刑度作區分。只有涉及國家核心關鍵技術的營業祕密，刑度才會加重。

　　何謂國家核心關鍵技術，必須定義。為使國家核心關鍵技術之範圍特定，以符刑罰明確性原則，故於國家安全法第 3 條第 3 項明定國家核心關鍵技術之定義及範圍，且應經行政院公告。另外於同條第 4 項規定國家核心關鍵技術之認定程序及其他應遵行事項，授權由國家科學及技術委員會會商有關機關訂定辦法。又國家核心關鍵技術經認定後，由國家科學及技術委員會報由行政

院公告。

2023 年 4 月 25 日，國科會通過《國家核心關鍵技術認定辦法》，由國科會設置國家核心關鍵技術審議會，辦理國家核心關鍵技術項目之認定。

2023 年 12 月 5 日，國科會公布經認定的 22 項關鍵技術，包括農業技術。從所公布的附件「國家核心關鍵技術項目及其主管機關」，可看到所謂的農業技術有三項：15. 農業品種育成及繁養殖技術－液體菌種培養技術、水產單性繁殖技術，16. 農業生物晶片技術－農業藥物殘留檢測技術、動植物病原檢測生物晶片技術，17. 農業設施專家系統技術－作物溫室、養殖漁業水環境之設計、營運及維護管理專家系統技術。

屬於國家核心關鍵技術的農業技術

項目編號	破折號前	破折號後
15	農業品種育成及繁養殖技術	液體菌種培養技術、水產單性繁殖技術
16	農業生物晶片技術	農業藥物殘留檢測技術、動植物病原檢測生物晶片技術
17	農業設施專家系統技術	作物溫室、養殖漁業水環境之設計、營運及維護管理專家系統技術

在此公布的項目中會讓人產生一困惑，在三個項目中都有一個破折號（－），在破折號後寫出更具體的技術。如此一來，破

折號前的技術比較廣泛，破折號後的技術更加具體而限縮。到底國家核心關鍵技術項目是破折號前的較廣泛的項目，還是破折號後比較狹窄的項目，並不確定。

不過，就算不被納入國家核心關鍵技術，只要是農業科技，符合一般營業秘密之保護要件，包括秘密性、經濟價值、合理保密措施等，都算是營業秘密。而他人若有營業秘密法第 10 條之侵害營業秘密行為，均屬違法而可能被起訴處罰。

但對於農業科技來說，要獲得營業祕密保護仍須具備保護要件，包括秘密性與合理保密措施。一般農民雖然有特殊的品種或特殊的種植方法，但若對該品種的散布沒有特別限制，或者對於種植方法沒有特別保密，則可能無法受到營業祕密的保護。

結論

本書探討了 2000 年以來，智慧財產權制度不斷面臨各種新興挑戰，包括網際網路科技、AI 科技的衝擊，以及各國產業發展，人性所引發的各種問題，並搭配各國案例，以及各種制度修法因應，說明這些問題挑戰的發展。

在本書第一篇前三講介紹完著作權法的基本制度原則後，在第 4 講、第 5 講，說明了 2000 年以來網際網路興起對著作權法帶來的衝擊。

第 4 講提到，因為網路資訊的爆炸性成長，學生、老師、記者、YouTuber 會誤以為，網路上的內容都可以隨意取用，進行剪貼、改作，用在自己的報告、簡報、影片中。但實際上他人放在網路上的著作內容不代表放棄著作權，網路上的各類資訊仍然受到著作權保護，故學生、老師、記者、YouTuber 的使用，都出現新的侵權爭議。學生、老師雖然可以主張合理使用，但要注意使用的量，並且引註出處；而記者、YouTuber 的使用，還要考慮到是否會剝奪被利用人的經濟利益。

這些問題，一方面要將傳統實體世界中發展出的既有的合理使用原則，套用到網際網路世界的新議題中，例如傳統文字段落的引用，如何處理 YouTuber 對他人影像的二次利用。二方面也促使各國思考是否要引入新的具體合理使用規定，包括老師的數

位教學合理使用。同樣地，第 11 講討論的生成式 AI 的橫空出世，也引發是否需要制定新的合理使用規定的討論。

但網際網路對著作權法帶來的衝擊並非只有合理使用規定。實際上其整個顛覆了「著作權人透過法院訴訟保護其著作權」的基本設定。網路侵權的速度之快、幅員之廣，使傳統法院訴訟無法提供著作權人有效保護。第 5 講說明 2003 年至今，我們多次修改著作權法，不斷地引入新的制度，希望能夠降低網路侵權風氣，加快對網路侵權的有效打擊與執法。包括引入公開傳輸權、權利管理電子資訊、禁止破解科技保護措施、數位機上盒條款等。

網路世界雖然去中心及多元，但因為網絡效應大者恆大，大型線上平台成為資訊分享散布的集散地與守門人。故對違法侵權內容的打擊，從傳統訴諸法院，轉向課予線上平台之協助處理義務。從美國的通知取下模式，到歐盟的通知行動與主動過濾模式，希望提高大型線上平台對網路違法侵權的協力執法義務。另外，對於不配合執法的網站和 BT 種子下載分享這種去中心的侵權科技，某些國家開始採用封網的執法手段。不論是要求線上平台協力執法，還是直接封網，都會引發網路業者的抵抗。

除了執法方式機制的討論之外，另一個著作權人關心的重點，則是利益分配問題。新聞媒體業者產製大量新聞內容，但在網路免費環境下無法獲得報酬。但大型線上平台卻發展出蒐集個資與精準廣告投放的獲利方式，新聞媒體認為大型線上平台應該與之分潤，歐盟和澳大利亞已經採取這類制度，故新聞媒體業者

也呼籲參考這些國家推動利潤分配的新制度。上述這些全部都是全新的制度。是否該引進、引進後有什麼問題，仍然持續發展中。

本書第二篇（第6講到第8講），討論學術倫理與論文抄襲。這其實不是新議題，但確實是因為網際網路科技的興起，使得論文抄襲的事件數量增加，學術倫理事件變得更加普遍與嚴重。網際網路科技對論文抄襲事件的激增，有雙面的影響。一方面，學生在論文寫作時，因為網際網路的資訊氾濫而忍不住剪貼抄襲，二方面，也因為數位科技的論文比對技術出現，更容易讓他人發現一篇論文是否抄襲。

本書雖然提出，學術倫理／論文抄襲的嚴重性需要我們高度重視，但也提出反思，對學術倫理／論文抄襲的法律責任，短時間內也可能衝過了頭。例如，筆者在第7講中提到，我認為論文抄襲不應該有刑事責任，課予行政責任與民事責任已足夠。另外，在第8講提到，學生和老師其實大部分時候是共同作者，老師在未取得學生同意下擅自發表雖然不對，但學生也不應該以刑事控告老師侵權。這幾個問題是在面臨學術倫理／論文抄襲事件中，我們必須稍微停下腳步反思著作權法的幾個基本制度與原則。

但在還沒有釐清學術倫理／論文抄襲的爭議處理方式時，2022年因為生成式AI的旋風崛起，已經將學術倫理／論文抄襲的問題帶到了一個全新境界。本書在第三篇（第9講到第11講），轉而討論生成式AI對著作權法的衝擊。

各類創作者利用生成式AI作各種創作的協助，透過提示詞

請生成式 AI 生成初步內容，創作者再進行挑選、修改，完成創作，加快了創作的速度。因此，生成式 AI 完全顛覆了著作權法所設定的，人類是自己創作的基本前提。首先第一個問題當然是到底誰是作者？是生成式 AI 是作者？還是使用 AI 的人類是作者？各國法院運用既有的著作權法原則來處理這個問題。但也有人認為，應該為了 AI 科技而修改著作權法的作者或著作權保護的相關規定。

同時，生成式 AI 也將過去學生寫論文的剪貼抄襲，升級為學生請 AI 代寫論文的問題。我們不該完全仰賴 AI 幫我們寫論文，但 AI 確實可以協助我們更快速地蒐集整理各類資訊，故我們也不用禁止。我在本書嘗試提出負責任使用生成式 AI 的可能方式，但僅是拋磚引玉。但是要怎麼引用 AI 或資訊來源？目前沒有發展出精準的引用方式。希望學界與 AI 開發商能夠共同研擬出好的引用方式。

在一般用戶興奮好奇地使用生成式 AI 的同時，AI 的開發商面臨了一堆法律訴訟。各類著作權人對生成式 AI 開發商提告，認為他們在使用訓練資料、生成內容等二階段，都侵害了著作權人的權利。目前訴訟才剛開始，我們也在觀察各國法院的發展。

倘若既有法律制度不足以調解著作權人與 AI 開發商的爭議，是否需要全新的法律，監管 AI 的開發與利用，或調和 AI 開發商與著作權人之間的利益分配？本書對世界各國最新的法律發展提出介紹，說明各國初步的監管方式。但到底未來要何去何從。如同第一篇第 4 講、第 5 講說明的，網際網路對著作權法帶來的衝

擊討論了將近三十年，都沒有完全解決，更無法在生成式 AI 剛崛起的三年內就提出解答。可以想見，未來三十年我們可以繼續看到更多的爭議，也可以看到各國提出不同的新制度，嘗試解決 AI 帶來的問題。

最後第四篇，介紹並討論其他智慧財產權法的制度。該部分雖然看起來只是介紹商標法、專利法、設計保護、補充性智慧財產權（公平交易法和營業秘密法），但實際上我在有限的篇幅中，提出了對這些制度近三十年運作以來出現的一些問題。

在第 12 講商標制度中，我探討台大補習班案與家族飲食事業商標內戰等，是想透過案例提出對既有制度的質疑。在台大補習班案中，問題的核心是先使用者與後商標註冊者之間的衝突；在家族飲食業商標內戰現象中，問題的核心是未註冊使用商標的權利地位不明，且註冊者當然取得權利的不合理現象。這幾個問題是我們對商標制度長期以來一直沒有釐清的傳統問題。當然商標法也會有因新科技衝擊而出現的新問題，例如，智財局認為畫面是流行用語？表示我們的流行用語不再是語言而是手機分享的圖像？另外，Taiwan In 圖與 CHATGPT 能否註冊商標問題，也讓我們思考科技新用語與商標之間的關係。

在第 13 講的專利制度中，在有限篇幅我無法討論專利制度的各種問題。但我扣合本書的兩個主題，學術倫理與科技衝擊。學術倫理方面，我關心大學教師是否可以將計畫成果自行申請專利？我認為這也是一個嚴重的學術倫理問題。在科技衝擊方面，專利制度保護的標的本身就是最新科技，但在我們科技進展與研

發水準已跟上世界腳步的現在，是否還需要保留新型專利這個半吊子的制度，總有一天可以檢討。

第 14 講的設計權利保護，我則關心產業發展與產業利益，與智慧財產權制度的調整。歐盟國家一方面鼓勵設計保護，將設計權保護延長到 25 年，我們至今沒有跟上。但另方面為了環境保護與消費者權益，歐盟國家將車用外觀零件的設計權導入維修豁免條款。智慧財產權制度本來就是鼓勵產業發展的一套制度，我國既然是汽車零組件製造大國並外銷全世界，應該因應產業情況而作適當調整。因而我們更應該思考，是否應該引入車用外觀零件維修豁免條款。

最後第 15 講，介紹補充性的智慧財產權制度，主要介紹公平交易法的不公平競爭與營業秘密法。這兩種對創意智慧的保護制度很特別，都不需要申請登記，卻可以獲得很大的保護。公平交易法第 25 條的榨取他人努力成果的概念，讓權利人不需要利用其他智財權制度申請商標、設計專利，也不符合其他智財權制度的要件下，就可以說這是他的努力成果獲得保護。這種擴大智財保護範圍，使其他既有智財制度的保護要件被繞過，並不是一個好的發展。

另外，營業祕密保護也可繞過申請專利的嚴格要件與程序，卻可以獲得比專利制度更強大的刑事追訴的保護。若是在國際間產業競爭發展上，涉及外國政府或企業竊取我國營業秘密，確實可以提供更強保護；但若競爭的對象是國內企業，隨意用刑事責任方式讓國內企業彼此廝殺，並繞過專利法的限制，我認為這也

不是一個好的發展。

　　整體來說，在面對新科技對智慧財產權制度或科技法律制度產生衝擊時，不難發現，歐盟、中國大陸或其他國家可能採取了一些新制度，但我國似乎總是追隨美國、日本腳步，保持與美國、日本同步，甚至聽從老大哥美國的指示，採取比較保守的態度，修法比較遲緩。這是一個很明確的現象，但這到底是好還是不好？在科技日新月異之下，我只是提出問題，沒有標準答案。

　　總之，這本書看似只是一個用簡單案例介紹著作權法、學術倫理、科技發展與其他智財權制度的通俗讀物，但我也企圖對新興科技、產業發展對這些制度帶來的衝擊，進行更深入的問題描述、說明、討論與提出一些建議。希望能淺顯易懂地介紹智慧財產權與這些新科技帶來的衝擊，也希望能更深入指出問題核心讓讀者持續思考。

AI・抄襲・智財權

AI, Plagiarism, and Intellectual Property

作　　者	楊智傑
總編輯	龐君豪
責任編輯	歐陽瑩
封面設計	菩薩蠻數位文化有限公司
排　　版	菩薩蠻數位文化有限公司

發 行 人　　曾大福

出　　版　　暖暖書屋文化事業股份有限公司
地址　106臺北市大安區青田街5巷13號1樓
電話　02-23916380
傳真　02-23911186

總 經 銷　　聯合發行股份有限公司
地址　231新北市新店區寶橋路235巷6弄6號2樓
電話　02-29178022
傳真　02-29158614

印　　刷　　成陽印刷股份有限公司
出版日期　2024年9月（初版一刷）
定　　價　　400元

國家圖書館出版品預行編目(CIP)資料

AI・抄襲・智財權/楊智傑著. -- 初版. -- 臺北市：暖暖書屋
文化事業股份有限公司, 2024.09
288面 ;21x14.8cm公分
ISBN 978-626-7457-09-2(平裝)

1.CST: 智慧財產權 2.CST: 著作權 3.CST: 人工智慧

553.4　　　　　　　　　　　　　　　113011426

有著作權　**翻**印必究（缺頁或破損，請寄回更換）